Grundriß
des
gesamten deutschen Rechtes
in Einzelausgaben
von
Paul Posener.

7. Band.

Wertpapier-, Wechsel- und Scheckrecht, Seerecht, handelsrechtliche Nebengesetze

Zweite und dritte Auflage.

Berlin 1909.
J. Guttentag, Verlagsbuchhandlung,
G. m. b. H.

Inhaltsverzeichnis.

Erste Abteilung: Die Wertpapiere.

Zweite Abteilung: Wechselrecht.

Dritte Abteilung: Scheckrecht.

Vierte Abteilung: Urkunden- und Wechselprozeß.

Fünfte Abteilung: Seerecht.

Abkürzungen.

A = Anfechtungsgesetz.
Abs = Absatz.
ALR = allgemeines Landrecht (Preußen).
Ausf- = Ausführungsgesetz zu . . . . .
B = Bürgerliches Gesetzbuch.
Bn = Binnenschiffahrtsgesetz.
Band = Band des Grundrisses.
C = Strafprozeßordnung.
Cod = Codex.
D = Digesten.
E = Eisenbahnverkehrsordnung.
Einf- = Einführungsgesetz zu . . . . .
F = Reichsgesetz über freiwillige Gerichtsbarkeit.
Fl = Flößereigesetz.
G = Gerichtsverfassungsgesetz.
Gb = Ges. betr. die Gesellschaften mit beschränkter Haftung.
Gn = Genossenschaftsgesetz.
Gr = Grundbuchordnung.
Gw = Gewerbeordnung.
H = Handelsgesetzbuch.
J = Institutionen.
JRA = Jüngster Reichsabschied.
K = Konkursordnung.
KG = Entsch. des Kammergerichtes.
MC = Militärstrafgerichtsordnung.
MS = Militärstrafgesetzbuch.
Nr. = Nummer.
P = Patentgesetz.
Po = Postgesetz.
pr = preußisch.
R = Reichsverfassung.
RG = Entscheidungen des Reichsgerichtes.
RMG = Entscheidungen des Reichsmilitärgerichtes.
ROLG = Rechtsprechung der Oberlandesgerichte.
S = Strafgesetzbuch.
SC = senatus consultum.

sc. = saeculum.
Ssp = Sachsenspiegel.
Swsp = Schwabenspiegel.
U = Urheberrechtsgesetz.
V = Verfassung.
Vl = Verlagsgesetz.
Vv = Versicherungsvertragsgesetz.
vgl. = vergleiche.
W = Wechselordnung.
w. o. = weiter oben.
w. u. = weiter unten.
Z = Zivilprozeßordnung.
Zg = Zwangsversteigerungsgesetz.

Anfragen und Berichtigungen werden an die Adresse der Verlagsbuchhandlung oder direkt an den Verfasser Assessor Dr. iur. Paul Posener in Charlottenburg 2, Bleibtreustraße 18, erbeten.

Erste Abteilung.

Die Wertpapiere.

§ 1. **Wertpapiere** sind Schrifturkunden über Ansprüche des bürgerlichen Rechtes, deren Verwertung von der Verfügung über die Urkunde selbst abhängig ist.

I. Die Eigenschaften der Wertpapiere sind je nach ihrer Art und ihrem Inhalte verschieden.

1. **Deklaratorisch:** wenn über ein Ereignis, durch welches ein Privatrecht begründet worden war, in rechtserheblicher Weise Mitteilung gemacht wird. — **Konstitutiv:** wenn das Recht durch die Verbriefung in dem Wertpapiere existent wird.

2. **Dispositiv:** wenn durch die Verfügung über die Urkunde auch über den Anspruch selbst verfügt wird.

3. **Skripturobligation:** wenn das Wertpapier nur im Papier und durch das Papier den Anspruch verkörpert.

II. Entstehung der Wertpapiere: Das Wertpapier entsteht durch Schuldschöpfung (Kreation).

Kreationstheorie (Kuntze, Dernburg, Kohler): Der einseitige Akt der Ausstellung genügt zur Begründung des Wertpapieres; auch wenn das Papier wider den Willen des Ausstellers gestohlen wird, ist er dem redlichen Inhaber gegenüber verpflichtet.

Vertragstheorie (Goldschmidt, Brunner, Gierke): Die Verpflichtung aus dem Wertpapiere entsteht nur dann, wenn der Aussteller das Papier mit dem Verpflichtungswillen weitergibt, und der Empfänger auf Grund dieses Vertrages es annimmt.

Nach B 794 ist die Kreationstheorie für Schuldverschreibungen auf den Inhaber anerkannt.

III. Die Ausstellung von Wertpapieren erfolgt durch ein einseitiges, nicht ankunftsbedürftiges Rechtsgeschäft.

Inhaberpapiere auf bestimmte Geldsummen können nur mit staatlicher Genehmigung ausgestellt werden; dagegen können Inhaberpapiere auf unbestimmte Geldsummen oder Inhaberpapiere über Waren ohne staatliche Genehmigung ausgestellt werden.

§ 2. **Die Eigenschaften der Wertpapiere** sind je nach der Zugehörigkeit zu bestimmten Kategorien verschieden.

I. Nach dem Aussteller werden unterschieden: Staatspapiere, Korporationspapiere, Privatpapiere.

II. Nach dem Rechte, welches im Wertpapiere verbrieft ist, werden unterschieden:

1. Korporationspapiere, welche die Mitgliedschaft einer juristischen Person verbriefen, z. B. Aktienscheine.

2. Sachenrechtliche Papiere, welche ein dingliches Recht verbriefen, z. B. Grundschuldbrief.

3. Obligationsrechtliche Papiere, welche ein Forderungsrecht verbriefen, z. B. kaufmännische Anweisung.

III. Nach der Begebbarkeit werden Inhaberpapiere, Orderpapiere, Rektapapiere unterschieden.

IV. Nach besonderen Eigenschaften werden unterschieden:

1. Präsentationspapier: der Empfang der Leistung kann nur auf Vorlegung des Papieres hin verlangt werden.

2. Legitimationspapier: wer das Papier zwecks Empfangnahme der Leistung dem Aussteller vorlegt, ist zum Empfange der Leistung legitimiert.

3. Namenspapier: Der Name des Berechtigten ist im Papiere genannt.

§ 3. Inhaberpapier ist ein Wertpapier, dessen Inhaber berechtigt ist, das verbriefte Recht geltend zu machen, ohne (an sich) seine Berechtigung nachweisen zu müssen.

I. Schuldverschreibung auf den Inhaber ist ein Inhaberpapier, bei welchem der Aussteller dem Inhaber eine vermögensrechtliche Leistung verspricht.

1. Der Aussteller wird auch dann befreit, wenn er an einen nicht zur Verfügung berechtigten Inhaber leistet; jedoch darf er nicht bösgläubig an einen offenbar nicht Befugten leisten.

2. Der Aussteller ist auch dann verpflichtet, wenn die Schuldverschreibung auf den Inhaber gestohlen, verloren gegangen ist oder sonst ohne seinen Willen in den Verkehr gekommen ist.

II. Der Aussteller kann dem Inhaber der Schuldverschreibung nur solche Einwendungen entgegensetzen, welche die Gültigkeit der Ausstellung betreffen, oder welche sich aus der Urkunde ergeben, oder welche dem Aussteller unmittelbar gegen den Inhaber zustehen.

III. Der Aussteller ist nur dann zur Leistung verpflichtet, wenn ihm die Schuldverschreibung ausgehändigt wird.

IV. Der Anspruch erlischt in 30 Jahren seit Eintritt der für die Leistung bestimmten Zeit; von der Vorlegung an bereits in 2 Jahren.

V. Inhabermarken sind solche Karten und Marken auf den Inhaber, die von dem Aussteller unter Umständen ausgegeben werden, aus denen sich ergibt, daß er dem Inhaber zur Leistung verpflichtet sein will, und die nur von kurzer Umlaufsdauer sind.

Ihre Ausstellung ist ohne staatliche Genehmigung zulässig; Inhabermarken dürfen nicht aufgeboten werden.

VI. Legitimationspapiere sind Urkunden über Forderungen, bei denen der Schuldner, ohne die Legitimation zu prüfen, an jeden Inhaber leisten kann (hinkende Inhaberpapiere).

VII. Reichskassenscheine und Banknoten sind unverzinsliche Inhaberpapiere, die vom Aussteller (Reich, Notenbank) ohne Kündigung auf Vorlegung zahlbar sind.

1. Reichskassenscheine sind auf den Inhaber lautende, unverzinsliche Schuldscheine des Reiches, zu deren Annahme als Geld ein Privatmann nicht gezwungen ist, deren Einlösung jedoch auf Verlangen jederzeit von der Reichshauptkasse bewirkt wird.

Reichsgesetz vom 30. April 1874 (Kassenscheine lauten auf 50, 20 und 5 Mark); abgeändert durch Reichsgesetz vom 5. Juni 1906 (Kassenscheine lauten auf 5 und 10 Mark).

a) Papiergeld besteht nicht mehr; seit dem 1. Januar 1876 ist auch den Einzelstaaten die Ausgabe von Papiergeld untersagt.

b) Die Reichskassenscheine werden von der Reichsschuldenverwaltung ausgefertigt.

Kraftloserklärung von Reichskassenscheinen ist unzulässig. Beschädigte oder unbrauchbare Scheine werden ersetzt, wenn mehr als die Hälfte des Papieres vorgelegt wird; sonst Ersatz nur ausnahmsweise.

2. Banknoten können von der Reichsbank, der Bayerischen, Sächsischen, Württembergischen, Badischen Bank ausgegeben werden.

Bankgesetz vom 14. März 1875, abgeändert: 18. Dezember 1889 und 7. Juni 1899; Verfassung der Reichsbank: Band **12** . . .

Die Banknoten werden in Stücken von 100, 500 und 1000 Mark ausgegeben; seit dem Reichsgesetze vom 20. Februar 1906 auch in Stücken von 20 und 50 Mark.

Kraftloserklärung der Banknoten ist nicht zulässig.

§ 4. **Orderpapier** ist ein Wertpapier, aus welchem das Recht nur von einem Berechtigten geltend gemacht werden kann, welcher sich aus dem Papier selbst legitimiert.

I. Der erste Berechtigte ist im Orderpapier genannt. Weitere Berechtigte treten durch Indossament in den Skripturverband ein.

Die elf Orderpapiere: Band **6** 44; zu ergänzen ist dort der Namensscheck, Gesetz vom 11. März 1908, § 8.

II. Die Ausstellung der Orderpapiere erfolgt grundsätzlich durch einseitiges Rechtsgeschäft des Ausstellers. Nur in gewissen Fällen ist staatliche Genehmigung, z. B. bei gewissen Lagerscheinen, erforderlich.

III. Eigentümer des Orderpapieres ist zunächst der Aussteller.

1. Durch den Aussteller wird das Orderpapier an den Gläubiger begeben, der hiermit Eigentümer wird.

2. Der Gläubiger gibt durch Indossament das Orderpapier weiter; jedoch ist hierbei zu beachten:

a) Gekorene Orderpapiere haben eine positive Orderklausel nötig, d. h. sie können nur dann durch Indossament weitergegeben werden, wenn in dem Papiere selbst bei dem Namen des Gläubigers der Zusatz „oder an dessen Order" oder ein ähnlicher Vermerk gemacht ist (positive Orderklausel).

b) Bei den geborenen Orderpapieren ist die positive Orderklausel nicht erforderlich; sie können vielmehr auch ohne solche vom Gläubiger weitergegeben werden.

Der Wechsel und der Namensscheck sind geborene vollkommene Orderpapiere. Sollen sie nicht an Order gegeben werden, dann ist die Hinzufügung der negativen Orderklausel erforderlich. Die nicht vinkulierte Namensaktie ist geborenes unvollkommenes Orderpapier.

II. Der Aussteller ist berechtigt, an jeden, der das Orderpapier vorlegt, ohne Prüfung seiner Legitimation zu leisten, falls der Vorleger durch eine fortlaufende Kette von Indossamenten legitimiert erscheint.

III. Abhandengekommene und vernichtete Orderpapiere können im Aufgebotsverfahren für kraftlos erklärt werden.

Aufgebotsverfahren: Band **9** 33.

§ 5. **Rektapapier** ist ein Wertpapier, dessen Gläubiger im Papier genannt ist, und bei welchem der Aussteller nur an den sich legitimierenden Gläubiger zu leisten verpflichtet ist.

1. Die Ausstellung erfolgt durch Vertrag ohne staatliche Genehmigung.

2. Die Uebertragung der Rechte geschieht im Wege der Zession.

Gegensatz von Indossament und Zession; vgl. Band 2 25.

3. Der Aussteller hat gegenüber jedem Gläubiger die Einwendungen, die gegenüber den Rechtsvorgängern des Gläubigers begründet sind.

Zweite Abteilung.

Wechselrecht.

§ 6. **Wechselfähig** ist jeder, der sich durch Verträge verpflichten kann.

Die Wechselfähigkeit deckt sich mit der Geschäftsfähigkeit (Band 1 16) und ist enger als die Prozessfähigkeit (Band 9 8).

I. Die Wechselfähigkeit kommt aktiv und passiv vor.

1. Aktiv wechselfähig ist, wer selbständig Wechselrechte erwerben kann.

2. Passiv wechselfähig ist, wer durch eigene Handlung wechselmäßig verpflichtet werden kann. — Passiv wechselfähig sind Volljährige, für volljährig erklärte Personen, Handelsgesellschaften.

Ein minderjähriger Kaufmann darf nicht selbst Wechsel zeichnen, sondern würde hierzu der Einwilligung des gesetzlichen Vertreters und der Genehmigung des Vormundschaftsgerichtes bedürfen; dagegen darf ein minderjähriger Prokurist für den Kaufmann Wechsel zeichnen.

II. Die Wechselfähigkeit von Ausländern richtet sich nach ihrem Heimatsrechte; geht ein Ausländer im Inlande Verbindlichkeiten durch Wechsel ein, so genügt es, wenn er nach deutschem Rechte wechselfähig ist.

1. Für die Beurteilung der wesentlichen Erfordernisse ist der Errichtungsort entscheidend; es genügt jedoch, daß die Erklärungen dem inländischen Rechte entsprechen.

2. Für die Form der Wechselhandlungen ist der Ort der Handlung maßgebend.

3. Der Wechselprozeß ist stets der am Gerichtsorte geltende.

4. Indultgesetze binden nicht das Ausland.

Indultgesetz ist ein Gesetz, welches den Verfall oder den Protest hinausschiebt. Beispiel: Das französische Indultgesetz vom 13. August 1870 konnte für die dem französischen Rechte unterworfenen Personen hinausschieben, nicht aber für deutsche Wechselverpflichtete, welche vor deutschen Gerichten belangt wurden.

§ 7. **Die Arten des Wechsels.** Der Wechsel ist eine rechtsbegründende Skripturobligation mit abstraktem Inhalte über die Verpflichtung zur Leistung einer bestimmten Geldsumme.

I. Es bestehen zwei Hauptarten des Wechsels.

1. Gezogener Wechsel ist ein Wechsel, welcher eine Zahlungsaufforderung seitens des Ausstellers an den Bezogenen enthält, einer dritten Person (Remittent) eine bestimmte Summe zu zahlen.

2. Eigener Wechsel ist ein Zahlungsversprechen des Ausstellers an den Remittenten; ein Bezogener ist nicht vorhanden.

II. Der Wechsel ist eine Skripturobligation, d. h. die Beobachtung der Förmlichkeiten in der Schrifturkunde ist wesentlich.

III. Der Wechsel ist abstrakt, d. h. er ist von seiner causa losgelöst.

Daher ist es beim Gefälligkeitsakzept nicht wesentlich, dass die Annahme in der Erwartung erfolgte, der Akzeptant würde aus dem Wechsel nicht in Anspruch genommen werden. Ebenso ist es beim Kundenwechsel an sich nicht möglich, dass Einreden aus dem zugrunde liegenden Rechtsgeschäfte dem Wechselberechtigten entgegen gehalten werden. Beide Fälle können nur Einwendungen in personam ergeben.

IV. Wechselstrenge nennt man die Eigenschaft des Wechsels, welche ihn gegenüber anderen Wertpapieren für den Umlauf und als Zahlungsmittel hervorragend geeignet macht.

1. Materielle Wechselstrenge: der Wechsel ist von seinem Schuldgrunde grundsätzlich unabhängig.

Ueber die Einreden siehe w. u. S. 12.

2. Formelle Wechselstrenge: für die Geltendmachung des Wechselrechtes besteht ein besonderes Verfahren (Wechselprozeß), in welchem die Fristen verkürzt, die Beweismittel beschränkt sind, die örtliche Zuständigkeit erreicht wird, und ein Vorbehaltsurteil ermöglicht ist.

V. Der Wechsel wird durch die Ausstellung rechtsbegründend und rechtsverpflichtend (Kreationstheorie).

Aeltere Theorien: Papiergeldtheorie, Vertragstheorie; Analogie mit Kauf, Mandat, Innominatkontrakt; vgl. w. o. S. 1.

VI. Im Verkehr sind folgende Bezeichnungen des Wechsels üblich:

1. Distanzwechsel ist ein Wechsel, bei welchem Zahlungsort und Ausstellungsort verschieden sind.

Platzwechsel: Zahlungsort und Ausstellungsort sind identisch.

2. Domizilwechsel: Zahlungsort und Wohnort des Bezogenen sind verschieden; Unterarten:

a) Echter Domizilwechsel: am Zahlungsorte soll eine andere Person als der Bezogene zahlen.

b) Unechter Domizilwechsel: der Bezogene gibt an, daß er an einem Zahlungsorte, der von seinem Wohnorte verschieden ist, zahlen werde (Zahlstellenwechsel).

3. Trassiert eigener Wechsel ist ein Wechsel, bei welchem Aussteller und Bezogener ein und dieselbe Person ist; dieser Wechsel ist nur als Distanzwechsel (Filialwechsel) zulässig.

4. Wechsel an eigene Order: Aussteller und Remittent sind dieselbe Person.

Der Wechsel an eigene Order (mit Blankoindossament des Remittenten) ist im Verkehr am häufigsten.

5. Rimesse nennt man jedes als Zahlungsmittel übersandte Wertpapier, insbesondere Wechsel.

Inländische Wechsel heissen Diskonten; ausländische Wechsel werden Devisen genannt.

§ 8. **Die Erfordernisse des gezogenen Wechsels** sind in W 4 bestimmt. I. Der gezogene Wechsel hat acht Erfordernisse: Wechsel, Betrag, Remittent, Zeit, Unterschrift, Datum, Adresse, Ort.

1. Im Wechsel muß die Bezeichnung Wechsel enthalten sein; wird der Wechsel in einer andern lebenden Sprache innerhalb des deutschen Rechtsgebietes ausgestellt, so muß das Wort Wechsel durch das entsprechende Wort der fremden Sprache ersetzt sein.

2. Angabe der zu zahlenden Geldsumme, und zwar bestimmte Angabe einer einheitlich zu leistenden Summe.

Leistung mehrerer Summen zu verschiedenen Zeiten ist unzulässig (Ratenwechsel).

a) Ist die Zahl der Wechselsumme im Wechsel mehrfach genannt und verschieden angegeben, dann gilt das in Buchstaben geschriebene.

b) Ist die Summe beide Mal in Buchstaben oder beide Mal in Zahlen geschrieben, dann gilt die kleinere Summe.

3. Der Name der Person oder die Firma, an deren Order gezahlt werden soll (Remittent).

4. Die Angabe der Zeit, zu welcher gezahlt werden soll; die Zeit muß einheitlich bestimmt sein.

a) Datowechsel: der Wechsel ist auf einen bestimmten Tag ausgestellt, z. B. Ultimowechsel, Mediowechsel.

b) Sichtwechsel: der Wechsel muß bei Vorlegung gezahlt werden. — Nachsichtwechsel: der Wechsel ist eine bestimmte Zeit nach Sicht einzulösen.

Verfalltag und Zahlungstag sind zu unterscheiden:

1. Verfalltag ist der im Wechsel angegebene Tag der Zahlung, also die in W 4, Nr. 4 bezeichnete Zahlungszeit.

2. Zahlungstag ist der Tag, an dem die Zahlungspflicht in Wirklichkeit entsteht; also:

a) Zahlungstag ist im allgemeinen identisch mit Verfalltag.

b) Zahlungstag ist später als Verfalltag, z. B. wenn Verfalltag ein Sonntag ist, dann ist Montag Zahlungstag; ebenso bei Prolongation.

5. Unterschrift des Ausstellers (Trassanten) mit seinem Namen oder seiner Firma.

6. Angabe von Ort, Monatstag und Jahr der Ausstellung.

7. Name der Person oder Firma, welche zahlen soll (Bezogener oder Trassat).

8. Angabe des Zahlungsortes; mangels anderer Angabe gilt als Zahlungsort der Wohnort des Bezogenen.

II. Unvollständige oder mangelhafte Wechsel begründen wechselmäßige Verbindlichkeiten nicht, können aber zivilrechtliche Pflichten begründen.

Ist z. B. das Datum mangelhaft, weil die Jahreszahl nicht oder nicht richtig ausgefüllt ist, dann kann eventuell ein Indossant einen Zettel beifügen: „Ich bitte, auf meine Gefahr das Datum als .... anzusehen."

1. Handzeichen der Analphabeten bedürfen gerichtlicher oder notarieller Beglaubigung.

Schriftzeichen einer toten Sprache sind für die Unterschrift zulässig.

2. Unterzeichnet ein Vertreter ohne Vertretungsmacht für den angeblichen Geschäftsherrn, so verpflichtet er nicht diesen, sondern sich selbst.

3. Sind auf einem Wechsel gefälschte Unterschriften, so wirken gleichwohl die echten Unterschriften verpflichtend.

III. Wechselreiterei ist der gewerbsmäßige Wechselhandel ohne bare Unterlagen.

A gibt ein Dreimonatakzept und deckt es bei Fälligkeit nicht in bar, sondern mit dem Akzepte des B. — B deckt sein Akzept bei Vorkommen nicht in bar, sondern mit einem Akzepte des A; usw. usw.

1. Die Wechselreiterei ist sehr entwickelungsfähig und bildet die Haupttruppe des großstädtischen Kreditschwindels.

Kellerwechsel oder Bastardwechsel ist ein Wechsel, der auf eine fingierte Person gezogen wird; er ist für die gültigen Unterschriften verpflichtend.

2. Gegenseitige Rittwechsel sind nicht Gefälligkeitswechsel, sondern Wechsel, die der eine Beteiligte dem anderen unter der gegenseitigen Verpflichtung gibt, daß jeder Beteiligte sein eigenes Akzept einlösen wird.

§ 9. **Die Rechtsstellung der Beteiligten** wird durch das Wechselrecht oder durch das bürgerliche Recht geordnet; wechselmäßige Bedeutung haben jedoch nur die ersteren Beziehungen.

Privatrechtliche Ansprüche können nur im ordentlichen Prozesse geltend gemacht werden; wechselmässige Ansprüche können im Wechselprozesse oder im ordentlichen Prozesse erhoben werden.

I. Der Aussteller eines Wechsels haftet wechselmäßig (d. h. nach der Strenge des Wechselrechtes) für die Annahme und für die Zahlung des Wechsels.

1. Wechselmäßig verpflichtet können sein: Aussteller, Akzeptant, Indossant, Intervenient, Avalist.

Thöl hat den Nachweis erbracht, dass die Wechselobligationen dieser fünf Personen identisch sind.

a) Wechselanspruch ist der Anspruch gegen den Akzeptanten; der Wechselanspruch ist auch ohne Protesterhebung begründet.

b) Regreßanspruch ist der im Wege des Rückgriffes erhobene Anspruch seitens des Inhabers des Wechsels (im Falle der Nichtzahlung seitens des Akzeptanten). Hierzu ist in der Regel Protest erforderlich.

2. Der Avalist verpflichtet sich als Wechselbürge dadurch, daß er seine Unterschrift auf die Vorderseite des Wechsels setzt.

II. Privatrechtliche Beziehungen aus dem Wechsel können im Wechselprozesse nicht geltend gemacht werden.

1. Valuta ist die Leistung des Remittenten an den Aussteller dafür, daß dieser ihm den Wechsel ausgestellt hat. Der Ansprnch des Ausstellers auf Leistung der Valuta ist privatrechtlich.

Valutaklausel: Wert erhalten, Wert in bar.

2. Revalierungsklage ist eine Klage, welche der Bezogene gegen den Aussteller hat, um von diesem Ersatz oder Deckung dafür zu erhalten, daß er die Wechselsumme an den Berechtigten gezahlt hat.

3. Der Bezogene ist wechselmäßig nicht verpflichtet, das Akzept zu leisten; er kann freilich privatrechtlich hierzu verpflichtet sein. Der Bezogene wird erst dadurch Schuldner des Wechselanspruches, daß er sein Akzept auf den Wechsel gesetzt hat.

Akzeptvorvertrag ist der Vertrag, durch welchen sich jemand verpflichtet, einen Wechsel zu akzeptieren; dieser Vertrag ist privatrechtlich.

III. Der Inhaber des Wechsels kann dem Bezogenen den Wechsel präsentieren und ihn mangels Annahme protestieren lassen; er ist jedoch im allgemeinen hierzu nicht verpflichtet.

Die Unterlassung des Protestes schadet also dem Gläubiger nicht bezüglich des Wechselanspruches; wohl aber wegen des Regressanspruches, vgl. w. u. S. 10.

Ausnahmsweise besteht eine Verpflichtung, den Wechsel zur Annahme zu präsentieren, nur noch:

1. bei Nachsichtwechseln, damit durch die Präsentation das Datum auf den Wechsel gesetzt wird, und von diesem Tage an die Nachsichtfrist läuft, W 19.

2. Beim Domizilwechsel, falls der Aussteller dies vorgeschrieben hat, bestand früher Präsentationspflicht, W 44. Sie ist durch das Reichsgesetz, betreffend die Erleichterung des Wechselprotestes, vom 30. Mai 1908 beseitigt worden.

W 44 siehe w. u. S. 10.

IV. Das Akzept (Annahme) des Wechsels erfolgt schriftlich auf dem Wechsel selbst.

1. Ein geleistetes Akzept kann nicht wieder zurückgenommen werden Es begründet die wechselmäßige Verpflichtung des Bezogenen, bei Fälligkeit des Wechsels die akzeptierte Summe zu leisten.

2. Limitiertes Akzept ist das Akzept eines Teiles der Wechselsumme; wegen des nicht akzeptierten Restes erfolgt Protest mangels Annahme.

3. Blankoakzept ist ein Akzept, das der Bezogene vor der Fertigstellung der Wechselurkunde leistet. Es ist wechselstempelsteuerpflichtig.

§ 10. **Indossament** ist die Uebertragung der Rechte des Remittenten auf andere Personen; der Empfänger (Indossatar) erhält das Recht, den empfangenen Wechsel auch weiter zu indossieren, d. h. selbst Indossant zu werden.

Diskontgeschäft ist das Ankaufen (Diskontieren) von Wechseln vor dem Verfalltage; der Bankier (Käufer) zieht die Zinsen für die Zeit vom Kauftage bis zum Verfalltage ab. Der Wechsel wird auf den Käufer indossiert. — Also: Berechnung des gegenwärtigen Wertes des Wechsels nach der Karpzovschen Methode: Band **10** 29.

I. Das Indossament hat zwei Funktionen:

1. Transportfunktion: durch das Indossament geht das Recht des gegenwärtigen Wechselgläubigers auf den neuen Gläubiger (Indossatar) selbständig über.

Ausschluss der Transportfunktion erfolgt beim Rektawechsel (mit dem Zusatze: nicht an Order).

2. Garantiefunktion: kraft des Indossamentes tritt der Uebertragende (Indossant) derart in die Reihe der Wechselverpflichteten ein, daß er den nachfolgenden Gläubigern wechselmäßig für die Einlösung des Wechsels haftet.

Ausschluss der Garantiefunktion erfolgt durch den Zusatz: ohne Obligo oder ohne Gewähr.

II. Das Indossament muß auf den Wechsel gesetzt werden; ein Vollindossament kann auf der Vorderseite oder auf der Rückseite stehen, dagegen darf ein Blankoindossament nur auf der Rückseite stehen.

Das Wort Indossament kommt von in dorso, d. h. auf dem Rücken; trotzdem darf ein Vollindossament auch auf der Vorderseite stehen. — Uebrigens können Indossamente auch auf einer Allonge stehen, d. h. auf einem dem Wechsel angefügten Papier.

III. Arten der Indossamente.

1. Blankoindossament ist ein Indossament, welches nur den Namen des Indossanten enthält; jeder Inhaber des Wechsels gilt als derjenige, auf welchen das Blankoindossament lautet. Er ist durch das Blankoindossament legitimiert.

Jedoch ist der Wechsel mit Blankoindossament kein Inhaberpapier, weil er jederzeit durch Ausfüllung des Namens des Indossatars in ein Orderpapier zurückgewandelt werden kann. Zu dieser Ausfüllung ist jeder Inhaber des Wechsels befugt.

2. Rektaindossament: die Weiterbegebung ist untersagt (durch den Zusatz: nicht an Order).

Wird ein Wechsel mit Rektaindossament gleichwohl weiter indossiert, so haftet der Rektaindossant nur seinem Indossatar, nicht aber dessen Nachmännern wechselmässig. Gegensatz: Wird die Garantiefunktion ausgeschlossen, so haftet der Indossant nicht einmal seinem Indossatar.

3. Nachindossament ist ein Indossament, welches gesetzt ist:

a) auf einen präjudizierten Wechsel, d. h. auf einen Wechsel, welcher in der vorgeschriebenen Zeit und Form mangels Zahlung hätte protestiert werden sollen, aber nicht protestiert worden ist. Dieses Nachindossament läßt eine neue Kette von Indossamenten beginnen; dem Inhaber des Wechsels sind neben dem Akzeptanten alle diejenigen verpflichtet, welche vom Nachindossament an auf dem Wechsel stehen.

b) auf einen protestierten Wechsel; dieses Nachindossament hat die Bedeutung einer Zession der aus dem Proteste sich ergebenden Rechte.

4. Prokuraindossament: der Wechsel wird zur Einkassierung oder in Prokura indossiert, d. h. es wird nicht das Wechselrecht und das Eigentum am Wechsel übertragen, sondern der Indossatar erhält nur das Recht, die Wechselforderung einzuziehen, Protest zu erheben und die Wechselschuld einzuklagen.

Der Prokuraindossatar kann zwar durch Prokuraindossament weiter indossieren, nicht aber durch eigentliches Indossament.

5. Das Inkassomandatindossament (stilles Prokuraindossament) erscheint äußerlich als eigentliches Indossament; es ist jedoch fiduziarisch und gewährt dem Indossatar nicht das Wechselrecht, sondern überträgt ihm nur durch ein Inkassomandat die Einziehung des Wechsels.

§ 11. Die Erfüllung der Wechselverbindlichkeit hat zu erfolgen, wenn der im Wechsel als Zahlungstag bezeichnete Zeitpunkt eingetreten ist.

I. Der Zahlungstag kann im Wechsel bestimmt sein (Datowechsel) oder durch Zeitablauf sich berechnen lassen (a dato Wechsel, Nachsichtwechsel) oder sich durch die Vorlegung ergeben (Sichtwechsel).

II. Der Zahlungstag kann nicht aus besonderen Gründen hinausgeschoben werden.

1. Es gibt keine Respekttage mehr, d. h. Tage, welche dem Schuldner nach dem Eintritte der Fälligkeit noch einen besonderen Ausstand gewähren.

2. Kassiertage, d. h. bestimmte Wochentage, an denen der Wechsel handelsüblich einkassiert wurde (z. B. jeder Freitag) sind beseitigt.

Will man den Verfalltag hinausschieben, dann bittet man den Wechselinhaber (Gläubiger) um Prolongation. Zu diesem Zwecke sendet man rechtzeitig vor Verfall einen neuen Wechsel (Prolongationsakzept) nebst den Diskontspesen ein.

Wucherern dient die Prolongation als Gelegenheit zu erneuter Erhöhung der Wechselsumme.

III. Berechtigt, die Erfüllung der Wechselverbindlichkeit zu verlangen, ist derjenige Inhaber des Wechsels, der durch eine zusammenhängende, bis auf ihn heruntergehende Kette von Indossamenten als Eigentümer legitimiert ist.

1. Ausgestrichene Indossamente gelten als nicht geschrieben.

2. Der Zahlende ist nicht verpflichtet, die Echtheit der Indossamente zu prüfen.

IV. Der Schuldner ist nur verpflichtet, gegen Aushändigung des quittierten Wechsels die Zahlung zu leisten. Wird eine Teilzahlung geleistet, so ist sie auf dem Wechsel abzuschreiben, dem Schuldner ist Quittung zu erteilen.

Zulässigkeit von Teilzahlungen: Band 2 5.

§ 12. **Die Regresse** kommen als Rückgriff gegen die auf dem Wechsel vor dem Namen des Regreßnehmers genannten Personen vor, und zwar für den Fall, daß eine Sicherstellung notwendig wird, oder für den Fall, daß nicht gezahlt ist.

I. Der Regreß auf Sicherstellung kann sein: Regreß wegen nicht erhaltener Annahme oder Regreß wegen Unsicherheit des Akzeptanten.

1. Ist die nicht erfolgte Annahme durch Protest festgestellt, so kann von den Vormännern und vom Aussteller Sicherheit verlangt werden.

2. Regreß wegen Unsicherheit des Akzeptanten, welche nach erfolgter Annahme eintritt, kann genommen werden:

a) wenn der Akzeptant in Konkurs geraten ist oder seine Zahlungen eingestellt hat.

b) wenn nach der Ausstellung des Wechsels der Akzeptant frustra excussus ist.

II. Der Regreß mangels Zahlung setzt voraus, daß der Wechsel zur Zahlung präsentiert worden ist, und daß die Präsentation, sowie die Nichterlangung der Zahlung durch einen rechtzeitig darüber aufgenommenen Protest dargetan wird.

Die Protesterhebung kann am Zahlungstage erfolgen; sie muss spätestens am zweiten Werktage nach dem Zahlungstage geschehen sein, W 41.

Protesterlass ist der Vermerk auf dem Wechsel (Zusatz: ohne Protest, ohne Kosten), durch welchen die Pflicht zur Erhebung des Protestes beseitigt wird.

1. Ein Domizilwechsel ist dem Domiziliaten, oder falls ein solcher nicht benannt ist, dem Bezogenen am Domizilorte zur Zahlung zu präsentieren und event. zu protestieren.

2. Zur Erhaltung des Wechselrechtes gegen den Akzeptanten bedarf es weder der Präsentation am Zahlungstage noch der Erhebung eines Protestes, W 44.

3. Notifikationspflicht: Jeder Inhaber eines mangels Zahlung protestierten Wechsels ist verpflichtet, seinen unmittelbaren Vormann innerhalb zweier Tage nach dem Tage der Protesterhebung von der Nichtbezahlung des Wechsels schriftlich zu benachrichtigen.

4. Der Regreßanspruch umfaßt:

a) die nicht bezahlte Wechselsumme nebst 6 % vom Verfalltage ab;

b) die Protestkosten und andere Auslagen;

c) $1/3$ % Provision.

Hat ein Vormann den Wechsel im Regreßwege eingelöst, so kann er seinerseits auf Grund vorstehender Berechnung von seinem Vormann Regreß nehmen, setzt aber als Wechselsumme nicht nur den Nominalbetrag des Wechsels ein, sondern die ganze Summe, die er einschließlich Zinsen und Kosten hat zahlen müssen.

Der Regress ist also Remboursregress (von rembourser, Auslagen erstatten), d. h. mit jedem neuen Regressnehmen steigt die Regresssumme; also: Kumulationssystem.

Anatozismus ist hier gestattet: Band 2 7.

III. Der Regreß ist Sprungregreß, regressus per saltum, d. h. der Regreßnehmer ist an die Reihenfolge der Indossamente nicht gebunden, kann auch von der bereits getroffenen Wahl wiederum abweichen.

Dagegen besteht bei der Zession Staffelregress, regressus per gradum; vgl. Band 2 25.

§ 13. Intervention ist der Eintritt einer Person in den Wechselverband, im Falle, daß ohne ihren Eintritt der Wechsel Not leiden würde.

Häufig interveniert der Gläubiger, der sich als Domizil hat bezeichnen lassen, und an den der Schuldner (Akzeptant) bei Verfall keine Deckung gesandt hat.

Uebliche Formel, wenn der Gläubiger (als Domizil) bei sich protestieren lässt: „Deckung ist nicht eingegangen. Ich interveniere zugunsten meines notleidenden Giros“.

Die Intervention erfolgt zugunsten eines Honoraten, um den kostspieligen Regreß zu vermeiden.

I. Notadresse ist eine auf dem Wechsel angegebene, auf den Zahlungsort lautende Adresse, bei welcher ein mangels Annahme protestierter Wechsel vor Erhebung des Sicherstellungsregresses zur Annahme vorgelegt werden muß, widrigenfalls der Regreß verloren wird. Bei mehreren Notadressen ist diejenige zu wählen, deren Zahlung die größte Zahl von Verpflichteten befreit.

II. Ehrenannahme ist die Annahme seitens einer Person, welche auf dem Wechsel nicht genannt ist; der Inhaber braucht eine Ehrenannahme nicht zuzulassen.

Die Vorlegung des Wechsels bei dem Ehrenakzeptanten oder bei einer Notadresse muss spätestens am dritten (früher zweiten) Werktage nach dem Zahlungstage erfolgen.

III. Erfolgt eine Ehrenzahlung, so tritt der Ehrenzahler in die Rechte des Inhabers gegen den Honoraten, dessen Vormänner und den Akzeptanten ein.

§ 14. Eine Mehrheit von Wechselurkunden kann in verschiedener Weise und aus besonderen Gründen errichtet werden.

I. Duplikate sind Originale eines Wechsels, die auf Verlangen des Remittenten vom Aussteller ausgestellt werden müssen.

Zweck: Das eine Original (die Prima) wird zum Akzept versandt; ein anderes Original (die Sekunda) wird sofort indossiert.

II. Wechselkopie ist eine Abschrift des Wechsels nebst Indossamenten und sonstigen Vermerken.

Durch die Arretierungsklausel (Vermerk: bis hierher Abschrift) kann die Kopie zum Originalwechsel gemacht werden.

§ 15. **Die Erhebung der Regreßansprüche** erfolgt, nachdem vergebens beim Akzeptanten Zahlung verlangt worden ist.

Der Protest erfolgt gegen den Akzeptanten, d. h. diesem gegenüber.

1. Der Protest erfolgt aber nur zu dem Zwecke, den Regress gegen die übrigen Wechselverpflichteten zu bewahren.

2. Zur Erhaltung des wechselmässigen Anspruches gegen den Akzeptanten allein ist ein Protest nicht erforderlich.

I. Die Präsentation zur Annahme oder zur Zahlung, sowie die Erhebung des Protestes müssen im Geschäftslokale oder (in Ermangelung eines solchen) in der Wohnung des Bezogenen vorgenommen werden.

1. Der Tag, an welchem diese Handlungen vorgenommen werden, ist der Zahlungstag, bezw. die zwei folgenden Werktage; fällt der Verfalltag auf einen Sonntag oder allgemeinen Feiertag, so ist der nächste Werktag Zahlungstag, W 41.

2. Proteste sollen nur in der Zeit von 9 Uhr vormittags bis 6 Uhr abends erhoben werden, W 92.

3. An einem anderen Orte und zu einer anderen Zeit ist die Protesterhebung nur zulässig, wenn der Protestat damit einverstanden ist.

Nach der Art der Protestaufnahme werden unterschieden:

1. Wandprotest, wenn das Lokal des Protestaten geschlossen ist.
2. Abwesenheitsprotest, wenn die Wohnung nicht zu finden ist.
3. Windprotest, wenn der Protestat an dem angegebenen Orte nicht wohnt.

II. Der Protest muß durch einen Notar, einen Gerichtsbeamten oder durch einen Postbeamten (letzterer nur bei gewöhnlichen Wechseln bis 800 Mark) aufgenommen werden.

In Preussen dürfen aus der Zahl der Gerichtsbeamten nur die Gerichtsvollzieher protestieren.

1. In den Protest ist aufzunehmen:

a) Der Name oder die Firma der Personen, für welche und gegen welche der Protest erhoben wird.

b) Die Angabe, daß die Person, gegen welche protestiert wird, ohne Erfolg zur Vornahme der wechselrechtlichen Leistung aufgefordert worden oder nicht anzutreffen gewesen ist, oder daß ihr Geschäftslokal oder ihre Wohnung sich nicht hat ermitteln lassen.

c) Die Angabe des Ortes sowie des Datums, an dem diese Aufforderung geschehen oder ohne Erfolg versucht worden ist.

d) Im Falle einer Ehrenannahme oder einer Ehrenzahlung die Erwähnung, von wem, für wen und wie sie angeboten oder geleistet wird.

2. Der Protest mangels Zahlung ist auf den Wechsel oder auf eine Allonge zu setzen, W 88a.

3. Die Wechselzahlung kann an den Protestbeamten erfolgen. Die Befugnis dieses Beamten zur Entgegennahme der Zahlung darf nicht ausgeschlossen werden, W 89a.

§ 16. **Die Wechselverpflichtung** geht gegen den Aussteller, den Akzeptanten, die Indossanten des Wechsels und einen jeden, welcher den Wechsel, die Wechselkopie, das Akzept oder das Indossament mit unterzeichnet hat, und zwar auch dann, wenn er sich dabei nur als Bürge (per aval) genannt hat.

1. Der Wechselschuldner hat gemäß W 82 nur solche Einreden,

welche aus dem Wechselrechte selbst hervorgehen oder ihm unmittelbar gegen den jedesmaligen Kläger zustehen.

2. Der Inhaber des Wechsels hat, wenn die wechselmäßige Verpflichtung des Ausstellers oder Akzeptanten durch Verjährung oder durch Unterlassung der Präsentation und des Protestes erloschen ist, gegen den Aussteller oder Akzeptanten einen Bereicherungsanspruch, W 83.

Gegen die Indossanten ist der Bereicherungsanspruch nicht gegeben.

§ 17. Die **Wechselverjährung** ist abweichend vom bürgerlichen Rechte geregelt.

I. Der Wechselanspruch gegen den Akzeptanten verjährt in 3 Jahren vom Verfalltage des Wechsels an.

II. Der Regreßanspruch des Inhabers gegen den Aussteller und die übrigen Vormänner verjährt:

a) in 3 Monaten, wenn der Wechsel in Europa (mit Ausnahme von Island und Faröer) zahlbar war.

b) in 6 Monaten, wenn der Wechsel in den Küstenländern von Asien und Afrika längs des mittelländischen und schwarzen Meeres oder in den dazugehörigen Inseln dieser Meere zahlbar war.

c) in 18 Monaten, wenn der Wechsel in einem anderen außereuropäischen Lande oder in Island oder Faröer zahlbar war.

III. Der Regreßanspruch des seitens des Inhabers in Anspruch genommenen Indossanten gegen den Aussteller und die übrigen Vormänner verjährt:

1. in 3 Monaten, wenn der Regreßnehmer in Europa (außer Island und Faröer) wohnt.

2. in 6 Monaten, wenn der Regreßnehmer in den Küstenländern von Asien und Afrika längs des Mittelländischen und Schwarzen Meeres oder in den dazugehörigen Inseln dieser Meere wohnt.

3. in 18 Monaten, wenn der Regreßnehmer in einem andern außereuropäischen Lande oder in Island oder Faröer wohnt.

Gegen den Indossanten läuft die Frist, wenn er, ehe eine Wechselklage gegen ihn angestellt worden ist, gezahlt hat, vom Tage der Zahlung, — in allen übrigen Fällen aber vom Tage der ihm geschehenen Behändigung der Klage oder Ladung.

§ 18. **Der eigene Wechsel** unterscheidet sich vom gezogenen Wechsel dadurch, daß bei ihm nur zwei Personen in Betracht kommen, der Aussteller und der Remittent; der Aussteller haftet so, wie beim gezogenen Wechsel der Bezogene.

Ueblich ist der eigene Wechsel nur noch bei Kautionen, Gründungen, grossen Darlehen.

Ein Akzept besteht nicht. Der Wechselanspruch gegen den Aussteller verjährt in drei Jahren vom Verfalltage des Wechsels an gerechnet, W 100.

I. Die wesentlichen Erfordernisse des eigenen oder trockenen Wechsels (Solawechsel) sind:

1. die Bezeichnung Wechsel;
2. die Angabe der Wechselsumme;
3. der Name des Remittenten, an den oder an dessen Order der Aussteller Zahlung leisten soll;

4. die Bestimmung der Zahlungszeit;

5. die Unterschrift des Ausstellers;

6. die Angabe des Ortes, Monats, Tages und Jahres der Ausstellung.

II. Der eigene Wechsel kann domiziliert werden.

1. Eigene domizilierte Wechsel sind dem Domiziliaten oder, wenn ein solcher nicht benannt ist, dem Aussteller selbst an demjenigen Orte, wohin der Wechsel domiziliert ist, zur Zahlung zu präsentieren und, wenn die Zahlung unterbleibt, dort zu protestieren.

2. Ein eigener Wechsel, dessen Zahlung am Wohnorte des Ausstellers durch eine andere Person erfolgen soll, ist dieser Person zur Zahlung zu präsentieren und wenn die Zahlung unterbleibt, gegen sie zu protestieren.

3. Zur Erhaltung des Wechselrechtes gegen den Aussteller bedarf es weder der Präsentation am Zahlungstage noch der Erhebung eines Protestes.

Dritte Abteilung.

Scheckrecht.

§ 19. **Der Scheck** muß auf Grund des Scheckgesetzes vom 11. März 1908 enthalten:

1. die Bezeichnung als Scheck, sogenannte Scheckklausel;

2. die an den Bezogenen gerichtete Anweisung des Ausstellers, aus seinem Guthaben eine bestimmte Geldsumme zu zahlen;

Als Guthaben ist der Geldbetrag anzusehen, bis zu welchem der Bezogene nach dem zwischen ihm und dem Aussteller bestehenden Rechtsverhältnisse Schecks einzulösen verpflichtet ist. Guthaben kann also das bei der Bank deponierte Geld sein oder der von der Bank gewährte Kredit

3. die Unterschrift des Ausstellers;

4. die Angabe des Ortes und des Tages der Ausstellung.

II. Bezogener eines Schecks soll nur sein:

1. eine Anstalt des öffentlichen Rechtes oder unter staatlicher Aufsicht stehende Anstalt oder eingetragene Genossenschaft, wenn sie sich nach den für ihren Geschäftsbetrieb maßgebenden Bestimmungen mit der Annahme von Geld und der Leistung von Zahlungen für fremde Rechnung befaßt, sowie ferner eine unter amtlicher Aufsicht stehende Sparkasse, wenn sie die nach Landesrecht für sie geltende Aufsichtsbestimmungen erfüllt;

2. solche in das Handelsregister eingetragenen Firmen, die gewerbsmäßig Bankiergeschäfte betreiben.

3. Der Scheck kann als Namensscheck oder als Inhaberscheck ausgestellt werden.

Der Namensscheck ist geborenes Orderpapier: Band 6 44.

IV. Der Scheck ist bei Sicht zahlbar; die Angabe einer anderen Zahlungszeit macht den Scheck nichtig.

V. Der Scheck kann nicht angenommen werden; ein auf den Scheck gesetzter Annahmevermerk gilt als nicht geschrieben.

§ 20. **Die Zahlung des Schecks** hat im Falle der Vorlegung zu erfolgen.

I. Ein im Inlande ausgestellter und zahlbarer Scheck ist binnen 10 Tagen nach der Ausstellung dem Bezogenen am Zahlungsorte zur Zahlung vorzulegen.

Wird der Scheck in eine Abrechnungsstelle eingeliefert, bei welcher der Bezogene vertreten ist, so gilt die Einlieferung als Vorlegung zur Zahlung am Zahlungsorte.

II. Der Bezogene, der den Scheckbetrag bezahlt hat, kann die Aushändigung des quittierten Schecks verlangen.

1. Der Ablauf der Vorlegungsfrist ist auf das Recht des Bezogenen, die Zahlung zu leisten, ohne Einfluß.

2. Ein Widerruf des Schecks ist erst nach dem Ablaufe der Vorlegungsfrist wirksam.

3. Der Aussteller und jeder Inhaber des Schecks hat das Recht, durch einen quer über die Vorderseite gesetzten Vermerk: „Nur zur Verrechnung" zu verbieten, daß der Scheck in bar ausgezahlt werde. Der Bezogene darf in diesem Falle den Scheck nur durch Verrechnung einlösen; diese Verrechnung gilt als Zahlung im Sinne des Scheckgesetzes.

Das Verbot der Barauszahlung kann nicht zurückgenommen werden; wird das Verbot übertreten, so ist der Bezogene für den entstehenden Schaden verantwortlich.

§ 21. **Die Haftung** für die Einlösung des Schecks.

I. Aussteller und Indossanten haften dem Inhaber für die Einlösung des Schecks.

Beim Inhaberscheck haftet auch jeder, dessen Name oder Firma auf der Rückseite des Schecks steht, dem Inhaber für die Einlösung; auf den Bezogenen selbst findet dies nicht Anwendung.

Hat ein Indossant dem Indossamente die Bemerkung „ohne Gewährleistung" oder etwas Aehnliches hinzugefügt, so ist er von der Verbindlichkeit aus seinem Indossamente befreit.

II. Zur Ausübung des Regreßrechtes muß nachgewiesen werden, daß der Scheck rechtzeitig zur Zahlung vorgelegt und nicht eingelöst, oder daß die Vorlegung vergeblich versucht worden ist. Dieser Nachweis kann nur geführt werden:

1. durch eine auf den Scheck gesetzte, von dem Bezogenen unterschriebene und den Tag der Vorlegung enthaltende Erklärung,

2. durch eine Bescheinigung der Abrechnungsstelle, daß der Scheck vor dem Ablaufe der Vorlegungsfrist eingeliefert, aber nicht eingelöst worden ist,

3. durch einen Protest (nach den Vorschriften der W).

III. Der Inhaber des Schecks kann sich wegen seiner ganzen Regreßforderung an alle Verpflichtete oder auch nur an einige oder einen halten, ohne dadurch seinen Anspruch gegen die nicht in Anspruch genommenen Verpflichteten zu verlieren.

1. Der Inhaber kann wählen, welchen Verpflichteten er zuerst in Anspruch nehmen will.

2. Dem Inhaber des Schecks kann der Schuldner nur solche Einwendungen entgegensetzen, welche die Gültigkeit seiner Erklärung in dem Scheck betreffen oder sich aus dem Inhalte des Schecks ergeben oder ihm unmittelbar gegen den Inhaber zustehen.

IV. Die Regreßansprüche gegen den Aussteller und die übrigen Vormänner verjähren in 3 Monaten, wenn der Scheck in Europa mit Ausnahme von Island und Faröer zahlbar ist; in den übrigen Fällen in 6 Monaten.

Der Aussteller, gegen den wegen Unterlassung rechtzeitiger Vorlegung oder wegen Verjährung ein Regress nicht mehr besteht, ist dem Inhaber des Schecks aus ungerechtfertigter Bereicherung haftbar: Band 2 47.

V. Abhandengekommene oder vernichtete Schecks können durch Aufgebot für kraftlos erklärt werden; die Aufgebotsfrist muß mindestens 2 Monate betragen.

VI. Der Scheckprozeß findet in der Form des Wechselprozesses statt.

Vierte Abteilung.

Urkunden- und Wechselprozeß.

§ 22. **Der Urkundenprozeß** ist eine besondere Verfahrensart, in welcher ein Anspruch auf Zahlung einer bestimmten Geldsumme oder auf Leistung einer bestimmten Quantität vertretbarer Sachen oder Wertpapiere geltend gemacht werden kann, wenn die sämtlichen zur Begründung des Anspruches erforderlichen Tatsachen durch Urkunden bewiesen werden können, Z 592.

Als Anspruch auf Zahlung einer Geldsumme gilt auch der Anspruch aus Hypothek oder Grundschuld.

Auf Feststellung darf im Urkundenprozesse nicht geklagt werden, sondern nur auf Leistung.

I. Die Klage muß die Erklärung enthalten, daß im Urkundenprozesse geklagt werde.

1. Auf Grund prozeßhindernder Einreden darf die Verhandlung zur Hauptsache nicht verweigert werden; das Gericht kann jedoch die abgesonderte Verhandlung über diese Einreden auch von Amts wegen anordnen.

Vergleiche Band 9 21.

2. Eine Widerklage ist nicht statthaft, Z 595.

3. Die anspruchbegründenden Tatsachen dürfen nur durch Urkunden bewiesen werden.

Als Beweismittel sind bezüglich der Echtheit oder Unechtheit einer Urkunde sowie bezüglich anderer als der anspruchbegründenden Tatsachen nur Urkunden und Eideszuschiebung zulässig.

4. Die Antretung des Urkundenbeweises kann nur durch Vorlegung der Urkunden erfolgen; vgl. Band 9 27.

5. Die Leistung eines Eides ist durch Beweisbeschluß anzuordnen. Der richterliche Eid ist unzulässig; vgl. Band 9 28.

II. Der Kläger kann ohne Einwilligung des Beklagten bis zum Schlusse der mündlichen Verhandlung von dem Urkundenprozesse in der Weise abstehen, daß der Rechtsstreit im ordentlichen Verfahren anhängig bleibt.

Ist der Urkundenprozess unstatthaft, ist insbesondere ein dem Kläger obliegender Beweis nicht mit den im Urkundenprozesse zulässigen Beweismitteln angetreten oder mit solchen Beweismitteln nicht vollständig geführt, so wird die Klage als in der gewählten Prozessart unstatthaft abgewiesen, selbst wenn in dem Termine zur mündlichen Verhandlung der Beklagte nicht erschienen ist oder der Klage nur auf Grund von Einwendungen widersprochen hat, welche rechtlich unbegründet oder im Urkundenprozesse unstatthaft sind.

III. Einwendungen des Beklagten sind, wenn der dem Beklagten obliegende Beweis nicht mit den im Urkundenprozesse zulässigen Beweismitteln angetreten oder mit solchen Beweismitteln nicht vollständig geführt ist, als im Urkundenprozesse unstatthaft zurückzuweisen.

1. Dem Beklagten, welcher dem geltendgemachten Anspruche widersprochen hat, ist in allen Fällen, in denen er verurteilt wird, die Ausführung seiner Rechte vorzubehalten, Z 599.

Enthält das Urteil keinen Vorbehalt, so kann die Ergänzung des Urteils beantragt werden.

2. Das Urteil, welches unter dem Vorbehalt der Rechte ergeht, ist in betreff der Rechtsmittel und der Zwangsvollstreckung als Endurteil anzusehen; vgl. Band 9 25.

Wird dem Beklagten die Ausführung seiner Rechte vorbehalten, so bleibt der Rechtsstreit im ordentlichen Verfahren anhängig, sog. Nachverfahren.

Erscheint in diesem Verfahren eine Partei nicht, so finden die Vorschriften über das Versäumnisurteil entsprechende Anwendung.

§ 23. **Der Wechselprozeß** ist ein Urkundenprozeß, in welchem Ansprüche aus Wechseln geltend gemacht werden.

I. Zuständigkeit: Wechselklagen können sowohl bei dem Gerichte des Zahlungsortes als bei dem Gericht angestellt werden, bei welchem der Beklagte seinen allgemeinen Gerichtsstand hat.

Wenn mehrere Wechselverpflichtete gemeinschaftlich verklagt werden, so ist ausser dem Gerichte des Zahlungsortes jedes Gericht zuständig, bei welchem einer der Beklagten seinen allgemeinen Gerichtsstand hat.

II. Die Klage muß die Erklärung enthalten, daß im Wechselprozesse geklagt werde.

Die Einlassungsfrist beträgt:

1. wenn die Klage am Sitze des Prozeßgerichtes zugestellt wird, mindestens vierundzwanzig Stunden;

2. wenn sie an einem anderen Orte innerhalb des Landgerichtsbezirkes, in welchem das Prozeßgericht seinen Sitz hat, zugestellt wird, mindestens drei Tage;

3. wenn sie an einem anderen deutschen Orte zugestellt wird, mindestens eine Woche.

Das gleiche gilt von der Ladungsfrist, soweit sie nicht nach den allgemeinen Bestimmungen kürzer als die Einlassungsfrist ist; vgl. Band 9 16.

III. Soweit es zur Erhaltung des wechselmäßigen Anspruches der rechtzeitigen Protesterhebung nicht bedarf, ist als Beweismittel bezüglich der Präsentation des Wechsels Eideszuschiebung zulässig.

Zur Berücksichtigung einer Nebenforderung genügt, dass sie glaubhaft gemacht ist.

Fünfte Abteilung.

Seerecht.

§ 24. **Seerecht** ist die Gesamtheit der Normen, welche die Rechtsverhältnisse der Seeschiffe regeln.

I. Geschichte. Schon im rRe: lex Rhodia de iactu. — Seit dem 12. Jahrhundert sind seerechtliche Gebräuche und Urteile aufgezeichnet worden.

1. Weistümer des Seegerichtshofes von Oléron, la charte d'Oléroun. — Seerecht von Amalfi, tabula Amalfitana. — Consulat del mar, in Barcelona im 14. Jahrhundert. — Wisbysches Seerecht. — Der Hansestädte Schiffsordnung und Seerecht 1614.

2. Frankreich: ordonnance touchant la marine 1681, von Ludwig XIV. erlassen. — Im Code de commerce: Buch II.

3. Preussen: ALR II 8, von Versicherungen. — Entwickelung des H: Band 6 1; Einteilung des Buches IV (Seehandel): Band 6 2.

II. Seerecht im engeren Sinne ist das Seehandelsrecht.

1. Es enthält die privatrechtlichen Sätze über den Betrieb der Seeschiffahrt.

Es scheiden aus: seerechtliche Sätze des Staats- und Völkerrechtes.

2. Binnenschiffahrtsrecht (Gesetz vom 15. Juni 1895, abgeändert durch Einf-H 12) regelt die Schiffahrt auf Flüssen und sonstigen Binnengewässern, z. B. Landseen. Es gehört nicht in das Seerecht.

§ 25. **Kauffahrteischiff** ist ein Schiff, das zum Erwerbe durch die Seefahrt dient; es wird für den Betrieb der Personen- und der Güterbeförderung verwendet.

Handelsmarine ist die Gesamtheit der Kauffahrteischiffe einer Nation.

I. Der Schiffsbauvertrag ist formfrei, wird aber in der Regel schriftlich abgeschlossen. Die Urkunde hierüber heißt Mählbrief oder Maalbrief; der Bauherr heißt Besteder, der Baumeister wird Annehmer genannt.

1. Beilbrief ist ein Zeugnis über Ursprung und Größe des Schiffes; die Verwaltungsbehörde stellt ihn auf Grund eidlicher Angaben des Annehmers aus.

2. Meßbrief ist eine von der Steuerbehörde ausgestellte Bescheinigung über den Tonnengehalt des Schiffes.

II. Schiffsregister ist ein öffentliches Buch, welches beim Amtsgerichte des Heimatshafens geführt wird.

Schiffsregister und Grundbuch: Band 3 9.

Zu unterscheiden: Seeschiffsregister und Binnenschiffsregister.

1. Zertifikat ist die Urkunde über die geschehene Eintragung in das Schiffsregister und über das Flaggenrecht. Registerpflichtig ist jedes Schiff, das mehr als 50 cbm Bruttoraumgehalt hat.

2. Das Schiffsregister genießt nicht unbeschränkt den öffentlichen Glauben; nur bei Verpfändungen ist die Bucheintragung gegenüber nichtbuchmäßigen Verfügungen geschützt.

3. Berichtigung des Schiffsregisters kann verlangt werden, wenn die materielle Rechtslage mit dem Buche nicht übereinstimmt; auch ein Widerspruch kann eingetragen werden.

F 100ff.; preuss F 29, 30.

III. Flaggenrecht ist das Recht auf die Führung der deutschen Handelsflagge als Nationalflagge; es steht allen mit Zertifikat versehenen deutschen Kauffahrteischiffen zu, die im ausschließlichen Eigentume deutscher Staatsangehöriger stehen; Flaggengesetz vom 22. Juni 1899.

1. Schiffe von nicht mehr als 50 cbm Bruttoraumgehalt haben auch ohne Zertifikat Flaggenrecht.

2. Geht ein im Auslande befindliches Schiff in das Eigentum eines Reichsangehörigen über und kann es daher die Reichsflagge führen, so wird das Zertifikat durch ein vom Konsul ausgestelltes Flaggenzeugnis ersetzt.

Bei Gesellschaften kommt es wegen des Flaggenrechtes auf den Sitz an.

§ 26. **Sachenrechte an Kauffahrteischiffen** werden nicht immer durch Bucheintrag begründet.

I. Die Veräußerung des Schiffes erfolgt durch Einigung und Uebergabe; der Erwerber kann Berichtigung des Schiffsregisters verlangen.

Wird auf die Uebergabe verzichtet, dann ist die Ausstellung einer beglaubigten Urkunde über die Veräusserung erforderlich.

II. Bei der Verpfändung von Schiffen ist zu unterscheiden:

1. Nichtregistrierte Schiffe werden durch Einigung und Uebergabe verpfändet. Die Zwangsversteigerung findet wie bei Mobilien statt; vgl. Band 10 14.

2. Registrierte Schiffe werden durch Einigung und Eintragung verpfändet. Auch Schiffsparten (w. u. Seite 20) können verpfändet werden.

Es gelten die Grundbuchprinzipien: Band 3 46; insbesondere auch das Lokusprinzip: Band 3 16.

Privilegierte Gläubiger: H 776; bei Binnenschiffen: Bn 108.

a) Die Zwangsversteigerung richtet sich nach Immobiliarrecht: Band 10 21.

b) Die Schiffshypothek gilt als Sicherungshypothek; die Ausstellung eines Briefes findet nicht statt.

Eine Judikatshypothek ist unzulässig.

c) In eine Schiffspart wird durch Pfändung und Ueberweisung vollstreckt.

3. Ein segelfertiges Schiff darf nur wegen Reiseschulden mit Beschlag belegt werden.

III. Zubehör des Schiffes sind alle Sachen, die zu bleibendem Gebrauche des Schiffes bei der Seefahrt bestimmt sind, insbesondere die Schiffsboote.

Im Zweifel gilt als Zubehör, was ins Schiffsregister eingetragen ist; sog. Schiffsinventar.

§ 27. **Reeder**, exercitor navis, ist der Eigentümer eines ihm zum Erwerbe durch die Seefahrt dienenden Schiffes.

Das Wort Reeder (Rheder) leitet man von ῥαστή, Ausrüstung des Schiffes, ab.

I. Die Haftung des Reeders kann erweitert oder beschränkt sein:

1. Erweiterte Haftung ist die Haftung mit fortune de terre, d. h. der Reeder steht mit seinem gesamten Vermögen ein.

2. Beschränkte Haftung ist die Haftung mit fortune de mer, d. h. der Reeder haftet nur mit dem Schiffe und der verdienten Fracht.

Die Haftung regelt sich nach gewissen in den Seegesetzgebungen angenommenen Prinzipien:

1. Exekutionssystem ist die Beschränkung der Haftung, wie sie im deutschen und nordischen Seerechte galt.

2. Abandonsystem gilt im französischen, belgischen, holländischen Rechte.

3. Gemischtes System gilt nach englischem und spanischem Rechte.

II. Fälle der erweiterten Haftung des Reeders:

1. für den Schaden, den eine Person der Schiffsbesatzung einem Dritten durch ihr Verschulden in Ausführung ihrer Dienstverrichtungen zufügt;

2. für die Forderungen der zur Schiffsbesatzung gehörigen Personen aus den Dienst- und Heuerverträgen;

3. in allen Fällen der sonst beschränkten Haftung, wenn den Reeder bei der Erfüllung eines Vertrages ein Verschulden trifft, oder wenn er die erweiterte Haftung übernommen hat.

III. Fälle der beschränkten Haftung des Reeders:

1. bei Ansprüchen aus Rechtsgeschäften des Schiffers innerhalb seiner gesetzlichen Befugnisse;

2. wegen Nichterfüllung eines vom Reeder abgeschlossenen Vertrages, dessen Ausführung zu den Dienstobliegenheiten des Schiffers gehört;

3. wenn der Anspruch sich auf das Verschulden einer Person der Schiffsbesatzung gründet, ohne daß die Handlung zur Ausführung der Dienstverrichtungen gehört.

§ 28. **Reederei** ist die Vereinigung mehrerer Personen (Mitreeder, Schiffsfreunde), welche ein ihnen gemeinsam gehörendes Schiff zum Erwerbe durch die Seeschiffahrt verwenden.

I. Das Schiff samt Zubehör wird in Schiffsparten zerlegt; die Schiffspart ist ein Eigentumsbruchteil.

1. Jeder Mitreeder ist durch die Schiffspart ideeller Eigentümer des Schiffes (Eigentum zu Bruchteilen, Band 3 31).

2. Die Schiffspart ist frei veräußerlich.

Soll die Schiffspart an einen Ausländer veräussert werden, dann ist wegen des Flaggenrechtes die Zustimmung der Mitreeder erforderlich.

II. Die Angelegenheiten der Reederei werden durch den Gesellschaftsvertrag, subsidiär durch das Gesetz geregelt.

1. Die Beschlußfassung erfolgt mit Stimmenmehrheit; die Stimme richtet sich nach der Größe und Zahl der Schiffsparten.

Einstimmigkeit ist bei Beschlüssen erforderlich, die den Reedereivertrag abändern, seinen Bestimmungen entgegenhandeln, dem Zwecke der Reederei fremd sind.

2. Korrespondentreeder (Schiffsdirektor, Schiffsdisponent) ist eine zur Führung der Geschäfte der Reederei eingesetzte Person.

Ein Mitreeder kann durch Mehrheitsbeschluss, ein Schiffsfremder nur durch einstimmigen Beschluss zum Korrespondentreeder gewählt werden.

III. Der Korrespondentreeder hat in den Angelegenheiten der Reederei die Sorgfalt eines ordentlichen Reeders anzuwenden.

Ueber seine Geschäftsführung hat er ein besonderes Buch zu führen und jedem Mitreeder Einsicht zu gestatten. Auf Beschluss der Reederei hat er jederzeit Rechnung zu legen.

1. Der Korrespondentreeder hat eine gesetzlich bestimmte Vertretungsmacht zum Betriebe der Geschäfte der Reederei.

1. Er kann alle Geschäfte und Rechtshandlungen vornehmen, die im gewöhnlichen Betriebe der Reederei vorkommen, z. B. Ausrüstung des Schiffes, Empfangnahme der Gelder.

2. Er hat die Reederei gerichtlich zu vertreten.

3. Er kann den Schiffer anstellen und entlassen. Der Schiffer hat sich nur an die Weisungen des Korrespondentreeders zu halten.

Jedoch ist der Korrespondentreeder auch in dieser Vertretungsmacht beschränkt:

1. Er muss die Beschlüsse der Reederei zu neuen Reisen und Unternehmungen einholen, sowie bei aussergewöhnlichen Reparaturen und zur Anstellung und Entlassung des Schiffers.

2. Nur mit Spezialvollmacht darf er Wechselverbindlichkeiten eingehen, Darlehen aufnehmen, das Schiff oder die Schiffsparten verkaufen, verpfänden oder versichern.

2. Beschränkungen der gesetzlichen Befugnisse kann die Reederei einem Dritten nur entgegensetzen, wenn der Dritte sie beim Geschäftsabschlusse kannte.

IV. Für die Schulden der Reederei haftet das Schiffsvermögen der Reederei.

1. Die Mitreeder haften nicht als Gesamtschuldner, sondern ratierlich.

Die Reederei ist die einzige Gesellschaft, bei der dies vorkommt.

2. In den Fällen der unbeschränkten Haftung (w. o. Seite 20) haftet das Privatvermögen eines jeden Mitreeders entsprechend der Größe seiner Schiffsparten.

V. Die Reederei wird beendigt:

1. durch Beschluß der Mehrheit der Mitreeder,

2. durch Veräußerung oder durch Untergang des Schiffes im ganzen (Schiffsverlust),

3. durch Konkurs über das Vermögen aller Mitreeder.

§ 29. **Schiffer** (Schiffskapitän) ist der Führer des Schiffes auf der Seereise. Er hat die Aufsicht über Schiff und Ladung.

I. Der Schiffer wird vom Reeder, vom Korrespondentreeder, im Notfalle vom Konsul angestellt.

II. Der Schiffer hat bei der Verrichtung seines Dienstes, insbesondere bei der Erfüllung von Verträgen, die Sorgfalt eines ordentlichen Schiffers anzuwenden.

III. Der Schiffer haftet jedem Beteiligten für den durch sein Verschulden entstandenen Schaden, insbesondere wegen Verletzung seiner gesetzlichen Pflichten.

IV. Der Schiffer hat folgende Pflichten:

1. Er hat das Schiff auf seine Seetüchtigkeit zu untersuchen und das erforderliche Personal anzustellen.

2. Er hat die Ladung und Stauung der Güter zu überwachen.

3. Er hat ein Tagebuch (Journal) zu führen.

Alle wichtigen Begebenheiten werden in das Journal eingetragen; insbesondere sind bei Geburten und Sterbefällen zur Eintragung zwei Zeugen hinzuzuziehen und zwei Abschriften (für das Seemannsamt und für das Standesamt) anzufertigen.

4. Er hat sich auf dem Schiffe aufzuhalten, darf es nicht zur Unzeit verlassen und nicht die Abreise unnötig verzögern.

5. Bei Unfällen hat er die Verklarung (Seeprotest) abzulegen, d. h. in Gegenwart der Schiffsmannschaft einen Bericht über Unfälle auf der Reise und die getroffenen Abwendungsmaßregeln vor einem deutschen Gerichte oder einem Konsulate zu erstatten.

Das Verfahren bei der Verklarung richtet sich nach Z 485, Sicherung des Beweises.

V. Der Schiffer ist berechtigt:

1. nach dem Verlassen des Heimatshafens den Reeder in allen die Seereise betreffenden Rechtshandlungen zu vertreten. Insbesondere kann er das Schiff ausrüsten, verproviantieren, bemannen; er kann zur Erhaltung des Schiffes Darlehen aufnehmen. Im äußersten Notfalle darf er das Schiff verkaufen, und zwar öffentlich, nach Anhörung von Sachverständigen und unter Zuziehung des Konsuls.

2. die vertragsmäßige Gage zu verlangen.

Dagegen hat der Schiffer kein Recht auf besondere Gratifikationen; empfängt er solche, so hat er sie dem Reeder in Rechnung zu stellen. Für eigene Rechnung darf er Güter nicht verladen.

3. die Aufsicht und Disziplin über die Schiffsmannschaft zu führen.

4. auf Grund von Spezialvollmacht Wechselverbindlichkeiten einzugehen.

VI. Das Dienstverhältnis kann jederzeit durch Entlassung des Schiffers beendigt werden, unbeschadet seiner Ansprüche aus dem Dienstvertrage.

§ 30. **Schiffsmannschaft** sind die zum Betriebe der Seeschiffahrt verwendeten Personen.

I. Zur Schiffsmannschaft gehören die Schiffsoffiziere, der Bootsmann, Zimmermann, Segelmacher, die Voll- und Leichtmatrosen, die Schiffsjungen.

Weiterer Begriff: Schiffsbesatzung, d. h. Schiffer, Schiffsmannschaft, alle übrigen auf dem Schiffe dauernd oder auf Zeit zu Schiffsdiensten angestellten Personen, z. B. Aerzte, Kassenbeamte, Proviantmeister, Maschinenpersonal, Köche, Aufwärter.

Massgebend ist die Seemannsordnung vom 2. Juni 1902.

1. Schiffsoffizier ist jeder, der auf dem Schiffe ein Kommando führt.

2. Schiffsmann kann werden, wer das 14. Lebensjahr vollendet hat.

II. Heuervertrag ist der Vertrag, durch den sich der Schiffsmann zu Schiffsdiensten vermietet.

1. Ein Minderjähriger bedarf zum Abschlusse des Heuervertrages der Genehmigung seines gesetzlichen Vertreters.

2. Stellenvermittler bedürfen der Konzession; sie dürfen nicht gleichzeitig Gast- und Herbergswirte sein.

3. Vor der Eingehung des Heuervertrages hat sich der Schiffsmann vor dem Seemannsamte über Namen, Heimat und Alter auszuweisen; er erhält hierauf ein Seefahrtsbuch.

Gegensatz: das Seemannsamt ist für die Angelegenheiten der Schiffsmannschaft zuständig. — das Seeamt entscheidet bei Seeunfällen; vgl. Band **12** . . .

4. Anmusterung ist die nach Vertragsabschluß erfolgende Ausfertigung der Musterrolle vor dem Seemannsamte; sie enthält die wesentlichsten Vertragsbedingungen. Ein Vermerk hierüber wird in das Seefahrtsbuch eingetragen.

Die Abmusterung erfolgt bei Entlassung des Schiffsmannes in gleicher Weise.

5. Der Schiffsmann kann zwangsweise durch das Seemannsamt zum Dienste angehalten werden.

6. Die Heuer (Gage) ist nach Beendigung der Reise zu zahlen. Der Reeder haftet dafür mit seinem ganzen Vermögen.

7. Heuerbruch, d. h. das Entlaufen mit der Heuer oder das Sich-verborgenhalten, um sich dem übernommenen Dienste zu entziehen, wird nach S 298 bestraft, gleichviel ob das Vergehen im Inlande oder im Auslande begangen worden ist.

8. Der Pakotillevertrag ist nicht mehr zulässig.

Durch den Pakotillevertrag verpflichtete sich der Schiffsmann gegenüber Privatleuten, für Rechnung des Auftraggebers dessen Waren in seinem Koffer mitzunehmen und an überseeischen Orten zu verkaufen oder in dortige Landesprodukte einzutauschen.

§ 31. **Seefrachtvertrag** ist ein Vertrag, durch welchen sich der Verfrachter (Reeder, Ausrüster) gegenüber dem Befrachter verpflichtet, Güter über See zu transportieren, der Befrachter sich zur Zahlung der Fracht verpflichtet.

I. Im Frachtverkehre sind folgende technischen Ausdrücke zu merken:

1. Der Verfrachter entspricht dem Frachtführer. — Befrachter ist derjenige, der die Beförderung durch den Verfrachter ausführen läßt.

2. Ablader ist derjenige, der den Befrachter bei der Uebergabe des Gutes im Abfahrtshafen vertritt. — Abnehmer ist derjenige, der das Gut im Löschungshafen an Stelle des Empfängers entgegennimmt.

3. Abladen ist das Befördern des Gutes an Bord. — Löschen (Ausladen) ist das Befördern des Gutes von Bord an Land.

Man bedient sich hierzu des Leichtersystems (Befördern durch kleine Schiffe, Leichter) oder des Krahnsystems.

4. Schauermann ist ein Hafenarbeiter, der das Laden und Löschen bewirkt. — Stauer ist ein Schiffsarbeiter, der das kunstgerechte Beladen des Schiffes bewirkt.

Braker und Schauer heissen die amtlich bestellten Warenprüfer.

5. Fracht ist der Lohn, der für die Beförderung gezahlt wird. — Gut ist der Gegenstand, der befördert wird.

II. Die Befrachtung kann erfolgen:

1. en bloc, wenn das Schiff im ganzen oder für einen bestimmten Raum oder zu einem Teile verfrachtet wird.

Chartern heisst, ein Schiff en bloc befrachten; jeder Teil kann hierbei die Errichtung der Charteparte, carta partita, verlangen.

2. en cueillette, wenn der Vertrag für einzelne Güter (Stückgüter) abgeschlossen wird.

Bei der Befrachtung en bloc sind Lade- und Liegezeit länger. Die Ueberliegezeit beträgt im Zweifel 14 Tage; für sie ist Liegegeld zu zahlen.

III. Der Verfrachter haftet für Verlust oder Beschädigung des Gutes, es sei denn, daß der Verlust oder die Beschädigung auf Umständen beruhen, die durch die Sorgfalt eines ordentlichen Verfrachters nicht abgewendet werden konnten.

1. Für Geld, Kostbarkeiten und Kunstgegenstände haftet der Verfrachter nur, wenn dies dem Schiffer bei der Abladung gesagt worden ist.

2. Der Verfrachter hat wegen seiner Frachtforderung ein Pfandrecht am Gute, und zwar noch 30 Tage nach der Ablieferung.

IV. Das Konnossement wird nach beendeter Abladung vom Schiffer für den Ablader ausgestellt.

1. Das Konnossement muß ausgestellt werden; dagegen ist die Ausstellung des Ladescheins (Band 6 53) nicht obligatorisch.

2. Das Konnossement enthält die Bescheinigung über den Empfang des Gutes mit genauer Bezeichnung desselben, die Namen der beteiligten Personen und des Schiffes, die Bezeichnung des Abladungs- und des Löschungshafens, den Betrag der Fracht, das Datum der Ausstellung, die Zahl der ausgefertigten Exemplare.

3. Das Konnossement ist Beweispapier, Verfügungspapier, Traditionspapier, gekorenes Orderpapier; vgl. Band 6 44.

Die Rezepisse ist eine vorläufige Empfangsbescheinigung, welche bei der Annahme der Güter ausgefertigt wird. Ist die Ladung beendet, dann wird sie zurückgegeben.

4. Die Ablieferung des Gutes erfolgt im Löschungshafen an den legitimierten Inhaber des Konnossementes.

V. Der Frachtvertrag kann aufgelöst werden:

1. durch Rücktrittserklärung des Befrachters gegen Zahlung der Fautfracht als Abstandsgeld.

Tritt der Befrachter vor Antritt der Reise zurück, so beträgt die Fautfracht die Hälfte der Fracht.

2. ipso iure und ohne Entschädigung, wenn Schiff oder Ladung durch Zufall verloren gehen.

3. Durch einseitigen Rücktritt seitens eines jeden Beteiligten, wenn Kriegsgefahr besteht oder eine Verfügung von hoher Hand ergeht.

Die Verfügung von hoher Hand kann staats- oder völkerrechtlich sein, z. B. Beschlagnahme wegen Kriegskonterbande, Embargo, d. h. Beschlagnahme von staatlichen oder privaten Schiffen als Repressalie, oder: polizeiliches Embargo (arrêt de prince) als statthafte Zurückhaltung neutraler Schiffe wegen Kriegsausbruches (zwecks Geheimhaltung von Nachrichten).

In einzelnen Fällen kann die Zahlung der Distanzfracht verlangt werden.

§ 32. **Beförderung von Reisenden zur See** geschieht auf Grund des Seefrachtvertrages.

1. Ueberfahrtsvertrag gegen Zahlung der Passage; Fautfracht ist die halbe Passage.

2. Auswanderer: Reichsgesetz vom 9. Juni 1897.

§ 33. **Bodmerei** ist der seerechtliche Darlehnsvertrag, bei welchem der Bodmerist (Gläubiger) dem Schiffer gegen Zahlung einer Prämie ein Darlehn gewährt, dieses Darlehn aber nicht zurückfordern darf, wenn die verbodmeten Gegenstände bei der Bodmereireise untergehen.

Seit der Erfindung der Telegraphie hat die Bodmerei nur geringe Bedeutung, da der Schiffer den Reeder oder befreundete Firmen leicht erreichen kann. — Der Schiffer darf nur ausserhalb des Heimatshafens verbodmen, namentlich um die Mittel zur Weiterfahrt zu beschaffen.

I. Gegenstand der Bodmerei können sein: Schiff, Fracht, Ladung, und zwar einzeln oder zusammen.

Der Schiffer verbodmet also auch Sachen, die dem Reeder nicht gehören, nämlich die Ladung.

II. Die Prämie besteht in einem erhöhten Zinse; Anatozismus ist zugelassen, vgl. Band 2 7; H 687, Abs. 2.

III. Für die Bodmereischuld wird mit dem verbodmeten Gegenstande gehaftet; die Bodmereischuld ist im Bestimmungshafen der Bodmereireise und am achten Tage nach der Ankunft des Schiffes in diesem Hafen zu zahlen.

Gegensatz zum foenus nauticum: Band 18 ..

IV. Bodmereibrief ist eine Urkunde, welche der Schiffer über die Verbodmung ausstellen muß; der Bodmereibrief ist ein gekorenes Orderpapier.

Inhalt: H 683.

V. Uneigentliche Bodmerei kam in zwei Formen vor:

1. als Beilbriefdarlehn, d. i. Verbodmung des Schiffes zum Zwecke der Erbauung, Ausrüstung, Reparatur;

Beilbrief (Bielbrief, Bylbrief) siehe w. o. Seite 18; in der Schweiz wird der Hypothekenbrief als Beilbrief bezeichnet.

2. als Großaventureivertrag, d. i. Verbodmung der Ladung durch den Befrachter znm Zwecke der Anschaffung von Waren.

§ 34. **Die Seeversicherung** kann jedes in Geld schätzbare Interesse betreffen, welches jemand daran hat, daß Schiff oder Ladung die Gefahren der Seeschiffahrt besteht (Novelle vom 30. Mai 1908).

I. Gegenstand der Seeversicherung können sein: das Schiff, die Fracht, die Ueberfahrtsgelder, die Güter, die Bodmereigelder, die Havereigelder, der imaginäre Gewinn, die Rückversicherung, H 779.

Kaskoversicherung nennt man die Versicherung des Zubehörs.

Die Heuerforderung des Schiffers und der Schiffsmannschaft kann nicht versichert werden.

1. Nach der Person des Versicherten unterscheidet man:

a) Versicherung für eigene Rechnung, wenn der Versicherungsnehmer sein eigenes Interesse versichert;

b) Versicherung für fremde Rechnung, wenn der Versicherungsnehmer das Interesse eines Dritten versichert.

Versicherung für Rechnung, wen es angeht: im Vertrage wird unbestimmt gelassen, ob die Versicherung für eigene oder für fremde Rechnung genommen wird.

2. Der Versicherer ist verpflichtet, eine von ihm unterzeichnete Urkunde über den Versicherungsvertrag dem Versicherungsnehmer auf dessen Verlangen auszuhändigen.

Die Seetransportversicherungspolice ist ein gekorenes Orderpapier.

3. Soweit die Versicherungssumme den Versicherungswert übersteigt (Ueberversicherung), hat die Versicherung keine rechtliche Geltung.

4. Ist ein Gegenstand gegen dieselbe Gefahr bei mehreren Versicherern versichert, und übersteigen die Versicherungssummen zusammen den Versicherungswert (Doppelversicherung), so sind die Versicherer derart als Gesamtschuldner verpflichtet, daß der Versicherte im ganzen nicht mehr als den Schadensbetrag erhält, jeder Versicherer aber in dieser Begrenzung nach seinem Vertrage haftet.

Eine betrügerische Doppelversicherung ist vollständig nichtig; der gutgläubige Versicherer kann die ganze Prämie verlangen.

II. Der Versicherer hat alle Gefahren zu tragen. Ausgenommen ist der Schaden infolge Seeuntüchtigkeit des Schiffes, infolge der natürlichen Beschaffenheit oder infolge der Verpackung der Waren, infolge eigenen Verschuldens des Versicherten.

III. Ristorno ist der Rücktritt vom Seeversicherungsvertrage. Storniert der Versicherungsnehmer wegen veränderter Umstände (er gibt das Unternehmen auf, oder: es liegt ohne sein Verschulden eine Ueber- oder Doppelversicherung vor), dann kann er die bereits gezahlte Prämie, nach Abzug der Ristornogebühr, zurückfordern.

IV. Abandon ist fingierter Totalverlust, d. h. der Versicherungsnehmer tritt den Versicherungsgegenstand an den Versicherer ab und fordert dafür die Versicherungssumme.

1. Der Abandon ist zulässig, wenn das Schiff verschollen ist, oder wenn von hoher Hand darüber verfügt ist.

2. Durch den Abandon gehen die Rechte am abandonnierten Gegenstande ipso iure unmittelbar auf den Versicherer über.

Ueber den Abandon wird ein Abandonrevers ausgestellt.

§ 35. **Schiffsgläubiger** sind die folgenden, durch ein privilegiertes gesetzliches Pfandrecht an Schiff und Fracht gesicherten Gläubiger:

1. die Bewachungskosten im Falle der Zwangsvollstreckung,
2. die kleine Haverei,
3. die Dienst- und Heuerforderungen der Schiffsbesatzung,
4. die Lotsengelder, Bergungskosten,
5. die Beiträge zur großen Haverei,
6. die Bodmereigläubiger und die außerhalb des Heimatshafens vom Schiffer als solchen abgeschlossenen Kreditgeschäfte,
7. die Forderungen wegen Nichtablieferung oder Beschädigung von Ladungsgütern,
8. die Forderungen aus Geschäften des Schiffers,
9. die Deliktsansprüche wegen Verschuldens einer Person der Schiffsbesatzung,
10. die Forderungen der Berufsgenossenschaft und der Invalidenversicherungsanstalt gegen den Reeder.

§ 36. **Haverei** sind alle Schäden und Kosten während der Seereise. Der Schiffsverlust wird nicht als Haverei angesehen.

Aus dem Seerechte der Insel Rhodos ist die lex Rhodia de iactu ins römische Recht gekommen.

Nicht als Haverei anzusehen ist die kleine Haverei, d. h. die öffentlichen Abgaben usw.

Die Arten der Haverei sind:

1. Große Haverei, havarie grosse: alle Schäden, die dem Schiffe oder der Ladung oder beiden zum Zwecke der Errettung beider aus einer gemeinsamen Gefahr von dem Schiffer oder auf dessen Geheiß vorsätzlich zugefügt werden, sowie auch die durch solche Maßregeln ferner verursachten Schäden, ingleichen die Kosten, die zu demselben Zwecke aufgewendet werden, H 700.

a) Die große Haverei wird von Schiff, Fracht und Ladung gemeinschaftlich getragen, und zwar wird der gesamte Schaden über diese nach dem Verhältnisse des Wertes bzw. Betrages verteilt.

b) Die Verteilung geschieht durch Aufmachung der Dispache; nach H 729 fungieren hierfür die Dispacheure.

Die Dispache ist ein vollstreckbarer Titel.

2. Besondere Haverei sind alle nicht zur großen Haverei gehörigen, durch einen Unfall verursachten Schäden und Kosten.

Die besondere Haverei wird von den Eigentümern des Schiffes und der Ladung, von jedem für sich allein, getragen.

§ 37. **Die Verjährung** ist im Seerechte folgendermaßen geordnet:

1. In einem Jahre verjähren die Forderungen der Schiffsgläubiger, die Forderungen aus Bodmerei und großer Haverei, die persönlichen Ansprüche gegen Ladungsbeteiligte, die Ueberfahrtsgelder und ferner alle Forderungen, für welche nicht eine andere Frist bestimmt ist;

2. in zwei Jahren verjähren die Forderungen der Schiffsbesatzung wegen der Heuer oder des Gehaltes, wenn die Entlassung jenseits des Vorgebirges der guten Hoffnung oder des Kap Horn erfolgt ist, ferner die Ansprüche auf Entschädigung wegen Schiffszusammenstoßes;

3. in fünf Jahren verjähren die Forderungen aus dem Seeversicherungsvertrage.

Allgemeines über Verjährung: Band 1 26.

Sechste Abteilung.

Handelsrechtliche Nebengesetze.

§ 38. **Das Depotgesetz**, d. h. das Gesetz, betreffend die Pflichten der Kaufleute bei Aufbewahrung fremder Wertpapiere, vom 5. Juli 1896, regelt den Verwahrungsvertrag eines Kunden mit seinem Bankier.

I. Ein Kaufmann, welchem im Betriebe seines Handelsgewerbes Aktien, Kuxe, Interimsscheine, Erneuerungsscheine (Talons), auf den Inhaber lautende oder durch Indossament übertragbare Schuldverschreibungen oder andere vertretbare Wertpapiere mit Ausnahme von Banknoten und Papiergeld unverschlossen zur Verwahrung oder als Pfand übergeben sind, ist verpflichtet:

1. diese Wertpapiere unter äußerlich erkennbarer Bezeichnung jedes Hinterlegers oder Verpfänders gesondert von seinen eigenen Beständen und von denen Dritter aufzubewahren,

2. ein Handelsbuch zu führen, in welches die Wertpapiere jedes Hinterlegers oder Verpfänders nach Gattung, Nennwert, Nummern oder sonstigen Unterscheidungsmerkmalen der Stücke einzutragen sind.

II. Ein depositum irregulare ist nur unter besonderen Kautelen zulässig.

1. Eine Erklärung des Hinterlegers oder Verpfänders, durch welche der Verwahrer oder Pfandgläubiger ermächtigt wird, an Stelle hinterlegter oder verpfändeter Wertpapiere gleichartige Wertpapiere zurückzugewähren oder über die Papiere zu seinem Nutzen zu verfügen, ist, falls der Hinterleger oder Verpfänder nicht gewerbsmäßig Bank- oder Geld-

wechslergeschäfte betreibt, nur gültig, soweit sie für das einzelne Geschäft ausdrücklich und schriftlich abgegeben wird.

2. Wird der Verwahrer oder Pfandgläubiger ermächtigt, an Stelle hinterlegter oder verpfändeter Wertpapiere gleichartige Wertpapiere zurückzugewähren, so gelten die Depotbeschränkungen (w. o. unter I) nicht.

III. Der Einkaufskommissionär (Band 6 49) hat dem Kommittenten binnen drei Tagen ein Verzeichnis der Stücke mit Angabe der Gattung, des Nennwertes, der Nummern oder sonstiger Unterscheidungsmerkmale zu übersenden.

Ein Verzicht des Kommittenten auf die Uebersendung des Stückeverzeichnisses ist, falls der Kommittent nicht gewerbsmässig Bank- oder Geldwechslergeschäfte betreibt, nur dann wirksam, wenn er bezüglich des einzelnen Auftrages ausdrücklich und schriftlich erklärt wird.

IV. Ein Kaufmann, welcher im Betriebe seines Handelsgewerbes fremde Wertpapiere einem Dritten zum Zwecke der Aufbewahrung, der Veräußerung, des Umtausches oder des Bezuges von anderen Wertpapieren, Zins- oder Gewinnanteilscheinen ausantwortet, hat hierbei dem Dritten mitzuteilen, daß die Papiere fremde seien.

V. Ein Kaufmann, der über Wertpapiere, welche ihm zur Verwahrung oder als Pfand übergeben sind, oder welche er als Kommissionär für den Kommittenten in Besitz genommen hat (abgesehen von dem Falle der Unterschlagung) zum eigenen Nutzen oder zum Nutzen eines Dritten rechtswidrig verfügt, wird mit Gefängnis bis zu einem Jahre und Geldstrafe bis zu dreitausend Mark oder mit einer dieser Strafen bestraft.

Ist der Täter ein Angehöriger des Verletzten, so tritt die Verfolgung nur auf Antrag ein. Die Zurücknahme des Antrages ist zulässig.

§ 39. **Das Gesetz zur Bekämpfung des unlauteren Wettbewerbes** vom 27. Mai 1896 soll der illoyalen Konkurrenz im Geschäftsverkehre entgegentreten.

I. Unlauteren Wettbewerb begeht:

1. durch unlautere Reklame: wer in öffentlichen Bekanntmachungen oder in Mitteilungen, welche für einen größeren Kreis von Personen bestimmt sind, über geschäftliche Verhältnisse, insbesondere über die Beschaffenheit, die Herstellungsart oder die Preisbemessung von Waren oder gewerblichen Leistungen, über die Art des Bezuges oder die Bezugsquelle von Waren, über den Besitz von Auszeichnungen, über den Anlaß oder den Zweck des Verkaufes unrichtige Angaben tatsächlicher Art macht, welche geeignet sind, den Anschein eines besonders günstigen Angebotes hervorzurufen.

2. durch Kreditanschwärzung: derjenige, welcher zu Zwecken des Wettbewerbes über das Erwerbsgeschäft eines anderen, über die Person des Inhabers oder Leiters des Geschäftes, über die Waren oder gewerblichen Leistungen eines anderen Behauptungen tatsächlicher Art aufstellt oder verbreitet, welche geeignet sind, den Betrieb des Geschäftes oder den Kredit des Inhabers zu schädigen.

3. durch Geschäftsverrat:

a) derjenige, welcher als Angestellter, Arbeiter oder Lehrling eines Geschäftsbetriebes Geschäfts- oder Betriebsgeheimnisse, die ihm vermöge des Dienstverhältnisses anvertraut oder sonst zugänglich geworden sind, während der Geltungsdauer des Dienstverhältnisses unbefugt an andere zu Zwecken des Wettbewerbes oder in der Absicht, dem Inhaber des Geschäftsbetriebes Schaden zuzufügen, mitteilt.

b) derjenige, welcher Geschäfts- oder Betriebsgeheimnisse, deren Kenntnis er durch eine in a bezeichnete Mitteilung oder durch eine gegen das Gesetz oder die guten Sitten verstoßende eigene Handlung erlangt hat, zu Zwecken des Wettbewerbes unbefugt verwertet oder an andere mitteilt.

II. Der unlautere Wettbewerb hat zivil- und strafrechtliche Folgen.

1. Zivilrechtlich sind Ansprüche auf Unterlassung oder Schadensersatz gegeben.

Diese Ansprüche verjähren in sechs Monaten von dem Zeitpunkte an, in welchem der Anspruchsberechtigte von der Handlung und von der Person des Verpflichteten Kenntnis erlangt. — Die Ansprüche verjähren ohne Rücksicht auf diese Kenntnis in drei Jahren von der Begehung der Handlung an. — Für die Ansprüche auf Schadensersatz beginnt der Lauf der Verjährung nicht vor dem Zeitpunkte, in welchem ein Schaden entstanden ist.

2. Die Strafverfolgung tritt (abgesehen von dem Falle der Quantitätsverschleierung) nur auf Antrag ein.

Die Strafandrohungen sind verschieden.

1. Bei unlauterer Reklame kann auf Geldstrafe bis zu 1500 Mark, ev. daneben oder statt dessen Haft oder Gefängnis bis zu 6 Monaten erkannt werden.

2. Bei Kreditanschwärzung: Geldstrafe bis zu 1500 Mark oder Gefängnis bis zu einem Jahre.

3. Bei Geschäftsverrat: Geldstrafe bis zu 3000 Mark oder Gefängnis bis zu einem Jahre.

a) Das Recht, den Strafantrag zu stellen, haben die Gewerbetreibenden und Verbände derselben Geschäftsart. Der Antrag kann zurückgenommen werden.

b) Die Verfolgung geschieht im Wege der Privatklage vor dem Schöffengerichte. Bei öffentlichem Interesse erhebt die Staatsanwaltschaft öffentliche Klage.

3. Neben einer Strafe kann auf Verlangen des Verletzten auf eine an ihn zu erlegende Buße bis zum Betrage von zehntausend Mark erkannt werden.

Für diese Busse haften die dazu Verurteilten als Gesamtschuldner. Eine erkannte Busse schliesst die Geltendmachung eines weiteren Entschädigungsanspruches aus.

§ 40. Das Binnenschiffahrtsrecht ist in dem Reichsgesetze, betreffend die privatrechtlichen Verhältnisse der Binnenschiffahrt vom 15. Juni 1895, geregelt.

I. Schiffseigner ist der Eigentümer eines zur Schiffahrt auf Flüssen oder sonstigen Binnengewässern bestimmten und hierzu von ihm verwendeten Schiffes.

Ausrüster ist, wer ein ihm nicht gehöriges Schiff zur Binnenschifffahrt verwendet und es entweder selbst führt oder die Führung einem Schiffer anvertraut; er wird Dritten gegenüber als Schiffseigner angesehen.

1. Der Schiffseigner ist für den Schaden verantwortlich, welchen

eine Person der Schiffsbesatzung einem Dritten durch ihr Verschulden in Ausführung ihrer Dienstverrichtungen zufügt.

Zur Schiffsbesatzung gehören der Schiffer, die Schiffsmannschaft und alle übrigen auf dem Schiffe angestellten Personen, mit Ausnahme der Zwangslotsen.

2. Der Schiffseigner haftet nicht persönlich, sondern nur mit Schiff und Fracht:

a) wenn der Anspruch auf ein Rechtsgeschäft gegründet wird, welches der Schiffer als solcher kraft seiner gesetzlichen Befugnisse und nicht mit Bezug auf eine Vollmacht geschlossen hat;

b) wenn der Anspruch auf die Nichterfüllung oder auf die unvollständige oder mangelhafte Erfüllung eines von dem Schiffseigner abgeschlossenen Vertrages gegründet wird, insofern die Ausführung des Vertrages zu den Dienstobliegenheiten des Schiffers gehört, ohne Unterschied, ob die Nichterfüllung oder die unvollständige oder mangelhafte Erfüllung von einer Person der Schiffsbesatzung verschuldet ist oder nicht;

c) wenn der Anspruch auf das Verschulden einer Person der Schiffsbesatzung gegründet wird.

3. Der Schiffseigner ist im Falle eigenen Verschuldens persönlich haftbar.

4. Das Gericht des Ortes, von dem aus die Schiffahrt mit dem Schiffe betrieben wird (Heimatsort), ist für alle gegen den Schiffseigner als solchen zu erhebenden Klagen zuständig, ohne Unterschied, ob er persönlich oder nur mit Schiff und Fracht haftet.

II. Der Führer des Schiffes (Schiffer) ist verpflichtet, bei allen Dienstverrichtungen, namentlich bei der Erfüllung der von ihm auszuführenden Verträge, die Sorgfalt eines ordentlichen Schiffers anzuwenden.

Er haftet für jeden durch die Vernachlässigung dieser Sorgfalt entstandenen Schaden nicht nur dem Schiffseigner, sondern auch den Ladungsbeteiligten (Absender und Empfänger), den beförderten Personen und der Schiffsbesatzung, es sei denn, dass er auf Anweisung des Schiffseigners gehandelt hat.

III. Wird das Schiff oder die Ladung von einem Unfall betroffen, so ist der Schiffer berechtigt und auf Verlangen des Schiffseigners oder eines Ladungsbeteiligten verpflichtet, vor dem Amtsgerichte des Ortes, an welchem die Reise endet, und, wenn das Schiff vorher an einem anderen Orte längere Zeit liegen bleiben muß, vor dem Amtsgerichte dieses Ortes die Verklarung abzulegen, d. h. eine Beweisaufnahme über den tatsächlichen Hergang sowie über den Umfang des eingetretenen Schadens und über die zur Abwendung oder Verringerung desselben angewendeten Mittel zu beantragen. Er hat sich selbst zum Zeugnisse zu erbieten und die zur Feststellung des Sachverhältnisses sonst dienlichen Beweismittel zu bezeichnen.

1. Zur Aufnahme des Beweises bestimmt das Gericht einen tunlichst nahen Termin, zu welchem der Schiffer und die sonst bezeichneten Zeugen zu laden sind. Dem Schiffseigner und den Ladungsbeteiligten ist von dem Termine Mitteilung zu machen, soweit es ohne unverhältnismässige Verzögerung des Verfahrens geschehen kann. Die Mitteilung kann durch öffentliche Bekanntmachung erfolgen.

2. Die Aufnahme des Beweises erfolgt nach Z 355. Das Gericht ist befugt, eine Ausdehnung der Beweisaufnahme auch von Amts wegen an-

zuordnen, soweit dies zur Aufklärung des Sachverhaltes erforderlich erscheint.

IV. Auf das Frachtgeschäft zur Beförderung von Gütern auf Flüssen und sonstigen Binnengewässern finden H 425—427, 430—436, 439—443, 445—471 Anwendung.

Es gehören hierher:

1. die Vorschriften über den Frachtbrief,
2. die Vorschriften über Ersatzleistung, Verschulden und Haftung des Frachtführers,
3. die Vorschriften über die Ablieferung des Gutes,
4. die Vorschriften über den Ladeschein,
5. die Bestimmung über den Gelegenheitsfrachter.

V. Haverei und Dispache sind ähnlich wie im Seerechte geordnet.

§ 41. Die Flößerei ist durch das Reichsgesetz vom 15. Juni 1895 in ihren privatrechtlichen Verhältnissen geregelt.

I. Floßführer ist, wer ein Floß auf Flüssen oder sonstigen Binnengewässern führt.

Es macht keinen Unterschied, ob er:

1. bei einem Frachtflösser dient, welcher als Unternehmer die Flossbeförderung übernimmt;
2. bei dem Eigentümer des Flosses im Dienste steht;
3. die Beförderung des Flosses selbst als Frachtflösser übernommen hat.

II. Der Floßführer hat die Sorgfalt eines ordentlichen Floßführers anzuwenden.

III. Die Floßmannschaft untersteht der Gw.

Tritt der Flossmann seinen Dienst nicht binnen 24 Stunden an, so braucht er nicht mehr angenommen zu werden.

§ 42. Das Börsengesetz vom 22. Juni 1896 ist durch das Gesetz vom 8. Mai 1908 mehrfach abgeändert worden.

I. Die Zulassung von Wertpapieren zum Börsenhandel erfolgt an jeder Börse durch eine Kommission (Zulassungsstelle), von deren Mitgliedern mindestens die Hälfte aus Personen bestehen muß, die sich nicht berufsmäßig am Börsenhandel mit Wertpapieren beteiligen.

Deutsche Reichs- und Staatsanleihen sind an jeder Börse zum Börsenhandel zugelassen. — Zum Zwecke der Einführung an der Börse sind dem Börsenvorstande die Merkmale der einzuführenden Papiere mitzuteilen; die Veröffentlichung eines Prospektes ist nicht erforderlich.

1. Die Zulassung von Waren oder Wertpapieren zum Börsenterminhandel erfolgt durch den Börsenvorstand nach näherer Bestimmung der Börsenordnung. Der Börsenvorstand ist befugt, die Zulassung zurückzunehmen.

Die Zulassung von Wertpapieren zum Börsenterminhandel darf nur erfolgen, wenn die Gesamtsumme der Stücke, in denen der Börsenterminhandel stattfinden soll, sich nach ihrem Nennwerte mindestens auf zwanzig Millionen Mark beläuft.

Anteile einer inländischen Erwerbsgesellschaft dürfen nur mit Zustimmung der Gesellschaft zum Börsenterminhandel zugelassen werden. Eine erfolgte Zulassung ist auf Verlangen des Gesellschaft spätestens nach Ablauf eines Jahres, von dem Tage an gerechnet, an welchem das Verlangen dem Börsenvorstande gegenüber erklärt worden ist, zurückzunehmen.

2. Soweit Börsentermingeschäfte in bestimmten Waren oder Wertpapieren verboten sind oder die Zulassung zum Börsenterminhandel endgültig verweigert oder zurückgenommen worden ist, ist der Börsenterminhandel von der Benutzung der Börseneinrichtungen und der Vermittelung durch die Kursmakler ausgeschlossen.

Findet an einer Börse ein Börsenterminhandel nach Geschäftsbedingungen statt, die von den festgesetzten Geschäftsbedingungen abweichen, oder findet ein Börsenterminhandel in solchen Waren oder Wertpapieren statt, die zum Börsenterminhandel nicht zugelassen sind, so ist er durch Anordnung des Börsenvorstandes von der Benutzung der Börseneinrichtungen und der Vermittelung durch die Kursmakler auszuschliessen.

II. Ein Börsentermingeschäft, das nicht gegen ein durch das Börsengesetz oder den Bundesrat erlassenes Verbot verstößt, ist nur dann verbindlich, wenn auf beiden Seiten als Vertragschließende Kaufleute, die in das Handelsregister eingetragen sind, oder deren Eintragung nach H 36 nicht erforderlich ist, oder eingetragene Genossenschaften beteiligt sind.

Personen, deren Gewerbebetrieb über den Umfang des Kleingewerbes nicht hinausgeht, gehören, auch wenn sie in das Handelsregister eingetragen sind, nicht zu den Kaufleuten im Sinne dieser Vorschrift. — Dagegen werden Handwerker, die irrtümlich ins Handelsregister eingetragen sind, als Kaufleute im Sinne von II angesehen.

Den in II bezeichneten Kaufleuten stehen gleich:

1. Personen, die zur Zeit des Geschäftsabschlusses oder früher berufsmässig Börsentermingeschäfte oder Bankiergeschäfte betrieben haben oder zum Besuch einer dem Handel mit Waren der bei dem Geschäfte in Frage kommenden Art oder einer dem Handel mit Wertpapieren dienenden Börse mit der Befugnis zur Teilnahme am Börsenhandel dauernd zugelassen waren;

2. Personen, die im Inlande zur Zeit des Geschäftsabschlusses weder einen Wohnsitz noch eine gewerbliche Niederlassung haben.

1. Betrifft das Geschäft Wertpapiere und gehört der eine Teil nicht zu den Personen, die kraft des Gesetzes Börsentermingeschäfte abschließen können, ist aber der andere Teil ein Kaufmann oder eine Genossenschaft und hat sich dieser Teil für die Erfüllung des Geschäftes eine Sicherheit bestellen lassen, so ist er befugt, aus der Sicherheit Befriedigung zu suchen; auch ist das Geschäft für ihn verbindlich.

Die Sicherheitsleistung hat diese Wirkungen nur, wenn sie aus Geld oder aus Wertpapieren, die einen Kurswert haben, besteht und der Besteller dem anderen Teile gegenüber schriftlich und ausdrücklich erklärt, dass die Sicherheit zur Deckung von Verlusten aus Börsentermingeschäften dienen soll.

Eine Erklärung, die den gesetzlichen Vorschriften nicht entspricht, ist nichtig.

Zur Wahrung der schriftlichen Form genügt die telegraphische Uebermittelung. Wird diese Form gewählt, so kann nachträglich die Abgabe einer schriftlichen Erklärung verlangt werden.

a) Das auf Grund des Geschäftes Geleistete kann nicht deshalb zurückgefordert werden, weil für den Leistenden wegen Verstoßes gegen die Zulässigkeitsvorschriften eine Verbindlichkeit nicht bestanden hat.

b) Gegen Forderungen aus Börsentermingeschäften ist eine Aufrechnung auf Grund anderer Börsentermingeschäfte auch dann zulässig, wenn diese Geschäfte wegen Unzulässigkeit für den Aufrechnenden eine Forderung nicht begründen.

2. Ein nicht verbotenes Börsentermingeschäft gilt als von Anfang an verbindlich, wenn der eine Teil bei oder nach dem Eintritte der Fälligkeit sich dem anderen Teile gegenüber mit der Bewirkung der vereinbarten Leistung einverstanden erklärt und der andere Teil diese Leistung an ihn bewirkt hat.

3. Gegen Ansprüche aus Börsentermingeschäften in Waren oder Wertpapieren, die zum Börsenterminhandel zugelassen sind, kann von demjenigen, für welchen das Geschäft nach den Vorschriften des Börsengesetzes verbindlich ist, der Spieleinwand aus B 764 nicht erhoben werden.

4. Bei einem Börsentermingeschäft in Waren kommt der Verkäufer, der nach erfolgter Kündigung eine nicht vertragsmäßige Ware liefert, in Verzug, auch wenn die Lieferungsfrist noch nicht abgelaufen ist.

Eine entgegenstehende Vereinbarung ist nichtig.

III. Ueber die objektive Zulässigkeit der Börsentermingeschäfte bestehen besondere, vom bisherigen Rechte erheblich abweichende Vorschriften.

1. Börsentermingeschäfte in Anteilen von Bergwerks- und Fabrikunternehmungen sind nur mit Genehmigung des Bundesrates zulässig.

a) Der Bundesrat kann Börsentermingeschäfte in bestimmten Waren und Wertpapieren verbieten oder die Zulassung von Bedingungen abhängig machen.

b) Durch ein verbotenes Börsentermingeschäft in Anteilen von Bergwerks- oder Fabrikunternehmungen sowie durch ein Börsentermingeschäft, das gegen ein von dem Bundesrat erlassenes Verbot verstößt, wird eine Verbindlichkeit nicht begründet. Die Unwirksamkeit erstreckt sich auch auf die Bestellung einer Sicherheit.

Das auf Grund des Geschäftes Geleistete kann nicht deshalb zurückgefordert werden, weil hiernach eine Verbindlichkeit nicht bestanden hat.

2. Börsentermingeschäfte in Getreide und Erzeugnissen der Getreidemüllerei sind verboten.

a) Durch ein verbotenes Börsentermingeschäft in Getreide oder Erzeugnissen der Getreidemüllerei wird eine Verbindlichkeit nicht begründet. Die Unwirksamkeit erstreckt sich auch auf die Bestellung einer Sicherheit.

Das Recht, das auf Grund des Geschäftes Geleistete deshalb zurückzufordern, weil eine Verbindlichkeit nicht bestanden hat, erlischt mit dem Ablaufe von zwei Jahren seit der Bewirkung der Leistung, es sei denn, dass der zur Rückforderung Berechtigte vor dem Ablaufe der Frist dem Verpflichteten gegenüber schriftlich erklärt hat, dass er die Herausgabe verlange.

b) Die beschrankenden Vorschriften über den Börsenterminhandel finden keine Anwendung auf den Kauf oder die sonstige Anschaffung von Getreide oder Erzeugnissen der Getreidemüllerei, wenn der Abschluß nach Geschäftsbedingungen erfolgt, die der Bundesrat genehmigt hat, und als Vertragschließende nur beteiligt sind:

α) Erzeuger oder Verarbeiter von Waren derselben Art wie die, welche den Gegenstand des Geschäftes bilden, oder

β) solche Kaufleute oder eingetragene Genossenschaften, zu deren Geschäftsbetriebe der Ankauf, der Verkauf oder die Beleihung von Getreide oder Erzeugnissen der Getreidemüllerei gehört.

c) In den Geschäftsbedingungen muß festgesetzt sein:

α) daß im Falle des Verzugs der nicht säumige Teil die Annahme der

Leistung nicht ablehnen kann, ohne dem säumigen Teile eine angemessene Frist zur Bewirkung der Leistung zu bestimmen;

β) daß nur eine Ware geliefert werden darf, die vor der Erklärung der Lieferungsbereitschaft (Andienung) von beeidigten Sachverständigen untersucht und lieferbar befunden worden ist;

γ) daß auch eine nicht vertragsmäßig beschaffene Ware geliefert werden darf, wenn der Minderwert nach der Feststellung der Sachverständigen eine bestimmte Höhe nicht überschreitet und dem Käufer der Minderwert vergütet wird, sowie daß ein von den Sachverständigen festgestellter Mehrwert zu einer bestimmten Höhe dem Verkäufer zu vergüten ist.

IV. Wer ein verbotenes Börsentermingeschäft in Getreide oder Erzeugnissen der Getreidemüllerei schließt, hat, wenn die Zuwiderhandlung vorsätzlich begangen ist, eine Ordnungsstrafe bis zu zehntausend Mark verwirkt.

1. Die Verhandlung und Entscheidung über die Festsetzung der Ordnungsstrafe steht Kommissionen zu, die von den Landesregierungen bei den Börsen gebildet werden.

2. Die Strafverfolgung verjährt in drei Jahren, von dem Tage an gerechnet, an welchem die strafbaren Handlungen begangen sind.

Die Ordnungsstrafe verfällt dem Staate.

3. Unbeschadet der Ordnungsstrafe kann das Ehrengericht mit Verweis oder mit Ausschließung von der Börse bestrafen.

§ 43. **Wechselstempel** ist eine Abgabe, die von gezogenen und eigenen Wechseln erhoben wird.

Gesetz, betreffend die Wechselstempelsteuer, vom 10. Juni 1869; abgeändert durch Gesetz vom 4. März 1909 und in der neuen Fassung als Wechselstempelgesetz in 30 Paragraphen neu bekanntgemacht. In Kraft getreten am 1. April 1909.

I. Stempelpflichtig sind gezogene und eigene Wechsel.

Befreit vom Stempel sind die vom Ausland auf das Ausland gezogenen und die im Auslande ausgestellten eigenen Wechsel, wenn sie nur im Auslande zahlbar sind; ferner die vom Inland auf das Ausland gezogenen, unmittelbar in das Ausland versandten Wechsel.

Das Wechselstempelgesetz findet entsprechende Anwendung:

1. auf indossable Verpflichtungsscheine über die Zahlung von Geld,

2. auf indossable oder auf den Inhaber lautende Anweisungen auf Zahlung von Geld.

Schecks und Platzanweisungen sind im allgemeinen vom Wechselstempel befreit.

II. Die Höhe der Stempelabgabe steigt stufenweise.

1. Die Stempelabgabe beträgt von einer Summe bis 200 M. 0,10 M.; sie steigt bei 1000 M. (in Abständen von 200 M.) auf 0,50 M.; für jedes fernere (auch nur angefangene) Tausend erhöht sich der Stempel um 0,50 M.

2 Für die Entrichtung der Abgabe sind der Reichskasse sämtliche Teilnehmer am inländischen Umlaufe als Gesamtschuldner verhaftet.

Gesetzliche Definition des Teilnehmers: § 5.

III. Die Entrichtung der Stempelabgabe muß erfolgen, ehe ein inländischer Wechsel vom Aussteller, ein ausländischer Wechsel vom ersten inländischen Inhaber aus den Händen gegeben wird.

Versendung des unversteuerten Wechsels zum Akzepte ist zulässig, solange noch kein Indossament auf dem Wechsel steht.

IV. Die Wechselstempelabgabe wird entrichtet:

1. durch Ausstellung des Wechsels auf einem mit dem erforderlichen Wechselstempel versehenen Vordruck, oder:

2. durch Verwendung der erforderlichen Wechselstempelmarke auf dem Wechsel, wenn hierbei die vom Bundesrate erlassenen Vorschriften über die Verwendung der Wechselstempelmarke beobachtet worden sind.

Nach den Bundesratsvorschriften muss in jeder einzelnen Stempelmarke Tag, Monat und Jahr der Verwendung auf dem Wechsel, und zwar der Tag und das Jahr mit arabischen Ziffern, der Monat mit Buchstaben in möglichst deutlichen Schriftzeichen, ohne jede Auskratzung oder Ueberschreibung an der durch den Vordruck bezeichneten Stelle niedergeschrieben werden.

1. Allgemein übliche und verständliche Abkürzungen der Monatsbezeichnungen mit Buchstaben, sowie die Weglassung der beiden ersten Zahlen der Jahresbezeichnung sind zulässig.

2. Die Klage wegen Zurückzahlung zu Unrecht entrichteten Wechselstempels ist gegen den Fiskus des Einzelstaates zu richten, von dessen Steuerbehörde die Abgabe beigetrieben oder gegenüber dessen Steuerbehörde der Vorbehalt bei der Zahlung erklärt worden ist.

3. Ueber den Antrag auf Erstattung zu Unrecht entrichteten Wechselstempels im Verwaltungswege entscheidet die Steuerdirektivbehörde; dem Erstattungsantrage ist nur stattzugeben, wenn er innerhalb eines Jahres vom Zeitpunkte der Stempelverwendung oder der Zahlung oder Beitreibung der Abgabe gestellt ist.

4. Für verdorbene Stempelmarken kann Erstattung beantragt werden, wenn der Schaden mindestens 1 Mk. beträgt; der Antrag ist bei der Postanstalt des Bezirkes innerhalb eines Monats, nachdem der Schaden dem Berechtigten bekanntgeworden ist, unter Beifügung der verdorbenen Stempelzeichen und Schriftstücke anzumelden. Die Erstattung erfolgt im Wege des Umtausches.

3. Stempelmarken, die nicht in der vorgeschriebenen Weise verwendet worden sind, werden als nicht verwendet angesehen.

V. Der Anspruch auf Entrichtung des Wechselstempels verjährt in fünf Jahren.

1. In Beziehung auf die Verpflichtung zur Entrichtung des Wechselstempels ist der Rechtsweg zulässig (§ 70 des Reichsstempelgesetzes vom 3. Juni 1906).

2. Der Akzeptant einer Tratte und der Aussteller eines trockenen Wechsels können aus Mängeln des Wechsels keine Einwendung gegen ihre Steuerpflicht herleiten.

VI. Die Nichtversteuerung wird mit Geldstrafe in Höhe des fünfzigfachen Betrages der hinterzogenen Abgabe bestraft, und zwar ist diese Strafe besonders und ganz von jedem der beteiligten Verpflichteten zu entrichten.

Auch inländische Makler und Unterhändler werden bestraft, wenn sie wissentlich unversteuerte Wechsel verhandeln.

1. Eine nicht beizutreibende Geldstrafe wird nicht in Freiheitsstrafe umgewandelt.

2. Wenn der Verurteilte ein Deutscher ist, ist die Zwangsversteigerung eines Grundstückes ohne seine Zustimmung nicht zulässig.

3. Verjährung der Strafverfolgung: 5 Jahre.

VII. Ordnungsstrafe bis 150 M. tritt ein, wenn sich aus den Umständen ergibt, daß eine Stempelhinterziehung nicht hat verübt werden können oder nicht beabsichtigt ist.

Druck von A. W. Hayn's Erben, Potsdam.

Kolibri 360 GmbH
Ferdinand-Jühlke-Straße 7
99095 Erfurt, Deutschland
produktsicherheit@kolibri360.de